결정적 순간

결정적 순간

발행일 ; 제1판 제1쇄 2023년 6월 28일
지은이 ; 강원국 · 김동춘 · 박재필 · 최우리 · 홍성수
발행인 · 편집인 ; 이연대 CCO ; 신아람
에디터 ; 김혜림 · 백승민 · 이다혜 · 이현구 · 정원진
디자인 ; 권순문 지원 ; 유지혜 고문 ; 손현우
펴낸곳 ; ㈜스리체어스 _ 서울시 중구 한강대로 416 13층
전화 ; 02 396 6266 팩스 ; 070 8627 6266
이메일 ; hello@bookjournalism.com
홈페이지 ; www.bookjournalism.com
출판등록 ; 2014년 6월 25일 제300 2014 81호
ISBN ; 979 11 983223 3 3 03300

북저널리즘은 환경 피해를 줄이기 위해
폐지를 배합해 만든 재생 용지 그린라이트를 사용합니다.

BOOK
JOURNALISM

결정적 순간

강원국 · 김동춘 · 박재필 · 최우리 · 홍성수

: 우리가 마주한 위기는 전례 없지 않다. 《결정적 순간》은 미래를 바꿀 혁신가에게 사건과 순간, 그리고 선택이라는 레퍼런스를 제시한다. 전례 없는 위기를 넘어서기 위해 필요한 건 잠시의 트렌드, 한순간의 유행이 아니다. 우리가 점검하고 나아가야 할 방향성 그 자체다.

차례

07   **프롤로그 : 전례 없는 위기를 넘어서는 법**

13   **1 _ 최우리 기자 : 모두가 고속도로처럼 생각하는 시대**
         경부 고속도로 개통
         무엇이 우리를 달리게 하나
         환경 보호를 설득하는 법
         콘크리트 바깥의 길

31   **2 _ 강원국 작가 : 연설의 시대는 저물었다**
         한일 관계에 대한 특별담화문
         대통령은 할 말이 있는 사람
         추종하지 않고 배척하지 않으면서 성장하라

앞으로 올 말

51   **3 _ 홍성수 법학자 ; 차별금지법, 정치권이 화답할 때**
차별금지법 공청회
지금 당장 차별금지법이 필요한 이유
더 성숙한 민주주의 국가로
법이 할 수 있는 일

69   **4 _ 김동춘 사회학자 ; 한국은 아직도 '여순 체제'다**
여수·순천 10·19 사건
국가보안법이 말하는 것
한국 이념 논쟁의 문제
탈진실의 시대를 경계하라
디지털 매카시즘

99   **5 _ 박재필 대표 ; 올드스페이스에서 뉴스페이스로**
팰컨 헤비 동시 착륙
우주 개발의 넥스트 스텝
위성으로 미래를 읽다
우주는 픽션이 아니다

125   **주**

전례 없는 위기를 넘어서는 법

성장의 의의가 과거보다 한걸음 더 나아가는 것에 있다면, 대한민국의 성장, 나아가 세계의 성장은 멀어진 꿈처럼 보인다. 고도성장을 반복하던 아시아 시장은 정체기에 접어들었고, 예기치 않게 찾아온 팬데믹은 성장보다 앞서 위치한 생존의 문제를 가시화했다. 팬데믹과 저성장, 기후 위기와 갈등, 그 앞을 장식하는 '전례 없는'이라는 상투어는 21세기를 살아가는 모든 이들에게 시대적 감각이 된 것처럼 보인다.

북저널리즘은 여기에서 출발했다. 우리가 마주한 위기, 그리고 정체와 쇠락이 정말 전례 없는 것일까? 세계가 마주한 위기의 근원은 우리가 지나온 사건에 있는 것 아닐까? 그렇다면 과거의 사건을 하나의 레퍼런스로 삼아 더 나은 미래를 조각할 수도 있지 않을까? 모두가 말한다. 역사는 반복된다고. 《결정적 순간》은 반복될 역사를 현재를 진단하는 기준점이자 미래를 전망하는 힌트로 삼으려 했다. 매일 아침 신문 1면을 장식하는 정치인의 말과 신념은 어떻게 판단해야 할까? 기후 위기와 효율성의 시대에서 환경 보호를 설득하는 일은 가능한 걸까? 혐오와 차별이라는, 구체화하기조차 어려운 문제에 우리는 어떻게 대응할 수 있을까. 지구 바깥의 삶과 모험을 구체적으로 상상하기 위해서는 무엇이 필요할까? 북저널리즘이 정치, 사회, 우주, 환경, 법, 다섯 개 분야의 전문가를 만나 미래를 바꾼 결정적 순간을 물었다. 이 시대가 마주한 다섯 가지의 문제는 힘과 기술, 문화로 요약할 수 있었다.

모든 힘의 작동에는 규칙이 있다. 힘은 돌을 옮겨 도시를 지을 수도 있지만, 돌을 던져 도시를 파괴할 수도 있다. 지렛대의 방향이 어디를 향하는가에 따라 결과가 바뀐다. 김동춘 사회학자는 이념이라는 한국의 문제로, 강원국 작가는 권력자의 말이 가질 힘과 가져야 하는 의무로, 지금 한국을 옭아맨 힘의 지렛대를 읽어 낸다. 진실·화해를 위한 과거사 정리위원회 상임위원을 지낸 사회학자 김동춘은 여순 사건은 아직 끝나지 않았다고 말한다. 이념 논쟁으로 모습을 바꾼 채 등장하는 역사적 사건은 역설적으로 지금의 갈등을 가시화한다. 김동춘을 만난 이현구 에디터는 사회적 합의가 부재한 작금의 상황이 제대로 청산되지 못한 과거와 연결돼 있음을 짚는다. 국민의 정부, 참여정부에서 청와대 연설비서관을 지냈던 작가 강원국은 연설의 시대를 고민했다. 그에게 있어 권력자의 연설은 "일종의 반향"을 만들어 내야 하며, "사람을 설득"하는 것이다. 권력자의 말과 그를 향한 의견이 홍수처럼 쏟아지는 지금, 우리는 어떤 형태와 목적을 가진 말을 지향해야 할까. 강원국을 만난 정원진 에디터는 그와 "대화를 나눈 작은 회의실"을 회상하며 세대 간의 말이 오갈 제3지대를 그려 본다.

힘이 작용점과 받침점을 통해 세계를 움직이는 직접적

인 동력이라면, 기술은 시대의 욕망을 드러내며, 내일이 사용할 지렛대를 바꾸는 간접적인 동력에 가깝다. 소통과 연결을 향한 욕망이 극에 달했을 때 소셜 미디어가 출현했고, 인류가 생산한 무한의 데이터를 가공하고 싶다는 욕망이 인공지능을 탄생시켰다. 그런 점에서 북저널리즘이 주목하는 기술은 실험실 안에 갇힌 멸균의 존재가 아니다. 세계와 충돌하고, 더럽혀지는 욕망 묻은 존재다. 지금 인류의 욕망은 우주를 향한다. 한국 최초의 우주 스타트업인 나라스페이스의 대표 박재필은 "하나의 소유권이자 경제권"이 된 우주와 달을 탐구한다. 그에게 있어 우주 개발은 "인류와 기술이 진보하는 솔루션"의 일부다. 이미 다가온 뉴스페이스 시대에는 모두가 우주 개발의 당사자다. 이다혜 에디터는 우주라는 공간이 더 이상 상상의 영역이 아님을 짚는다. "우주가 논픽션이 될 때, 인류의 상상도 현실이 된다."

자신이 인지하고 있음을 인지하는 인류는 지금 세계를 움직이는 힘이 올바른 방향을 향하는지, 출현한 기술이 어떤 욕망을 대변하는지를 점검한다. 이 점검의 과정이 남긴 족적을 우리는 문화라 부른다. 법사회학과 인권법을 전공한 법학자 홍성수는 이 시대 차별의 다양한 양상과 그 속에서 법이 할 수 있는 일에 대해 고민한다. 차별금지법은 "한국 인권과 민주주의 발전의 시금석"이다. 그는 차별금지법이 제정된 대한민국은 "더 성숙한 민주주의 국가, 성숙한 인권 국가"가 되리라 전망한다. 백승민 에디터는 차별금지법이 개개인의 개별성을 드러내는 공적 영역의 힘을 재건할 것이라고 말한다. 《한겨레》에서 13년째 기사를 써온 기자 최우리도 제도와 구조, 개인의 관계를 사유한다. 경부 고속도로 개통은 일시의 사건이었지만, 고속도로가 만든 "효율화를 지향하는 사고방식"은 영속적이다. 최우리와 대화한 김혜림 에디터는 질식의 속도로 내달리는 콘크리트 도로가 아닌, 울퉁불퉁한 흙길의 가능성을 제시한다. 1960년대의 지친 세대가 머물고 쉬었던 흙길처럼, 우리에게는 모두를 위로해줄 콘크리트 바깥의 길이 필요하다. 최우리는 말한다. 속도를 약간만 낮추면 길 바깥의 꽃과 나무가 보인다고. 기후 위기의 해결은 잠시 머무는 시선에서 출발한다.

우리가 마주한 위기는 전례 없지 않다. 그 전례가 미래 혁신의 물꼬를 트기도 한다. 이 책은 케케묵은 역사를 말하지 않는다. 《결정적 순간》은 미래를 바꿀 혁신가에게 순간이라는 레퍼런스를 제시한다. 전례 없는 위기를 넘어서기 위해 필요한 건 잠시의 트렌드, 한순간의 유행이 아니다. 우리가 점검하고 나아가야 할 방향성 그 자체다.

김혜림 에디터

최우리는《한겨레》13년 차 기자다. 한국 언론 최초로 환경 운동가 그레타 툰베리를 인터뷰했고, 동물권 단체 '케어' 전前 대표의 안락사 논란을 최초로 보도했다. 이달의 기자상, 인권보도상, 안종필자유언론상, 언론인권상, 올해의 기후변화언론인상 등을 수상했다.

1 최우리 기자 ; 모두가 고속도로처럼 생각하는 시대

지금 환경을 이야기하는 건 지치는 일이다. 그 탈진의 경험 위에서 매일 모두를 둘러싼 환경을 읽고 쓰는 이가 있다. 바로 기후·환경 기사를 오래 써온 《한겨레》의 최우리 기자다. 13년 차 기자인 최우리는 2022년 4월, 꾸밈없는 환경 이야기를 담은 책《지구를 쓰다가》를 출간했다. 그에게 있어 환경은 그야말로 모든 것이다. 그런데 모든 건, 당연해지기 쉽다.

1964년 12월 박정희 대통령은 서독에 방문한다. 가난한 나라에서 전용기도 없이 떠난 박 대통령은 '라인강의 기적'을 두 눈으로 목격하고 돌아온다. 그의 눈에 띄었던 건 다름 아닌 아우토반이었다. 자동차는 쭉 뻗은 고속도로 위에서 시속 160킬로미터로 달렸다. 한국에서는 경험할 수 없는 속도였다. 박정희 대통령은 이렇게 말한다. "도로 혁명 없이 산업 혁명 없다." 경부 고속도로는 1968년 2월 1일 첫 삽을 떠 2년 5개월 만인 1970년 7월 7일 완공됐다. 행운의 숫자 7이 세 번이나 반복되는 완공 날짜처럼, 당시의 기념식에서는 꽃가루가 휘날렸다. 사람들은 아우토반이 선사한 근대의 속도감을 누렸다. 아찔할 만큼 빨랐던 당시의 속도감은 지금, 마치 환경처럼, 당연한 것으로 자리 잡았다.

오세훈 서울시장은 한강의 기적을 재현하려 한다. 여의도는 금융 중심지의 빌딩 높이 규제를 사실상 폐지하겠다는 계획을 내놨다. 마천루가 늘어선 뉴욕시는 무거운 건물과 해수면 상승으로 인해 매년 2밀리미터씩 가라앉고 있다. 경부 고속도로를 만든, 그리고 경부 고속도로가 만든 사고방식과 속도감의 결과다. 가속에는 끝이 있다. 지금 고속도로를 사유하지 않는다면, 그 끝은 더 빨리 다가올지 모른다.

경부 고속도로 개통

한 가지 사건으로 경부 고속도로 건설을 꼽았다. 경부 고속도로 건설을 간단하게 설명해 달라.

1968년 경부 고속도로 공사가 처음 시작됐다. 그리고 1970년 7월, 서울에서 부산을 잇는 416킬로미터 길이의 도로가 개통했다. 1960년대에서 1970년대로 넘어가던 당시는 박정희 유신 정권의 그늘이 짙어져 가던 시기다. 사회적으로는 민주주의 탄압이 본격화됐고, 경제적으로는 경제개발계획 5개년이 시작됐다. 그 정점에 경부 고속도로 건설이 있다. 자연을 극복하고 성장하자는 당시의 시대정신이 경부 고속도로에 묻어 있다.

우리는 왜 지금 경부 고속도로 건설을 주목해야 할까?

경험이 중요하기 때문이다. 시공간의 확장은 인간에게 큰 영향을 미치고, 경부 고속도로는 인간에게 시공간의 확장을 가져다줬다. 도로 건설로 인해 지역에서 도시로 이동하는 속도부터 소비 욕구와 산업 발전의 방향, 사람들의 사고방식까지 모든 게 변했다. 경부 고속도로 개통 당시를 기술과 산업의 도움으로 인간이 과거와 단절했던 시기라고 정의할 수 있겠다. 지금도 그러한 전환기라고 말할 수 있다. 이미 과도하게 팽창된 시대에서 사람들은 더 이상의 시간 확장이 불가할 것이라 믿었지만 지금은 AI나 다른 세계와의 접속까지도 가능해지지 않았나. 전환이라는 키워드 아래에서는 경부 고속도로 건설 당시와 지금이 크게 다르지 않은 것 같다.

경부 고속도로 건설로 인해 사회는 무엇을 얻었나?

엄청나게 많다. 시공간의 확장과 시간 단축은 인권에 큰 도움을 준다. 며칠 걸려 가던 서울을 바로 간다는 건 물리적으로도, 경제적으로도, 심리적으로도 큰 변화다. 서울에서만 가능했던 편리성을 모두가 공유하게 되는 셈이다. 그런데 그 결과로 나타난 이촌향도와 수도권 팽창이 또 다른 문제를 발생시키기도 했다. 도시화는 철거민을 낳았다. 2009년 용산 참사, 1980년대 올림픽으로 인한 성남 개발이 그랬다. 누군가는 편리함을 얻었지만, 누군가는 또 다른 문제를 떠안게 된 것이다.

경부 고속도로가 만든, 혹은 경부 고속도로를 만든 사회의 사고방식을 무엇이라 정의하나?

한마디로 효율 중시라고 표현할 수 있겠다. 산업화와 도시화 이후, 자본주의 방식의 효율을 중시하는 사회가 쭉 이어져 오고 있다. 실패하면 안 된다는 강박도 커지는 사회가 돼 가고 있는 듯하다. 실패해도 괜찮고, 느리고 다르게 가도 괜찮다는 걸 한국 사회에서 제도적으로 느껴본 적이 많지 않을 거다. 최근 잡코리아에서 MZ세대를 대상으로 진행한 인터뷰를 인상 깊게 봤다. 50퍼센트가 넘는 MZ세대가 임원이 되고 싶지 않다고 답했다. 흥미로운 건 남들이 승진할 때는 같이 승진하고 싶다고 답한 비율도 50퍼센트가 넘었다는 것이다. 남들이 사는 속도만큼은 살고 싶은 마음이 드러난 것 아니겠나? 현대 사회는 컨베이어 벨트처럼 돌아가고 있다.

경부 고속도로 수원-오산간 고속도로 개통 ©경기도청

지금도 당시의 경부 고속도로 건설과 같은 일이 일어나
고 있다고 보나?

효율화를 지향하는 사고방식은 이미 우리에게 체화돼 있다.
누구나 효율적으로 살아야 한다. 당장 내 삶만 봐도 그렇다.
(웃음) 효율적으로 일하지 않으면 평가가 박해지니 말이다.
경부 고속도로만이 그 사례가 아니다. 오세훈 시장의 한강 르
네상스 계획도 결국은 '길'을 뚫겠다는 것인 만큼, 효율 증대
를 따진 결과물이다. 속도에 대한 경쟁, 자본주의적 삶의 태도
를 거부하려는 움직임은 크게 주목받지 못했다. 그 안에서 행
복을 찾고 속도를 조절하는 건 개인의 몫이 됐다.

무엇이 우리를 달리게 하나

고속도로는 자동차가 달리는 곳이다. 자동차는 환경에
어떤 영향을 미치나?

자동차로 인한 환경 문제는 단순히 배기가스의 문제만이 아
니다. 자동차의 등장 자체가 환경에 큰 영향을 준다. 자동차가
달리려면 도로가 있어야 한다. 도로와 자동차는 지구에 더 많
은 무게를 가한다. 토양이 지치기 쉽다. 도로 건설로 인해 쉬
는 땅이 없어지는 것도 큰 문제다. 등산로를 생각하면 편하다.
등산로가 생기면 산을 오르기는 쉬워지겠지만, 그만큼의 땅
은 못 쓰게 된다. 유휴 부지가 없어지는 것도 자동차가 환경에
미치는 영향이라고 할 수 있겠다.

전기차가 자동차의 대안으로 논의된다. 전기차는 친환
경적이라고 할 수 있나?

걸리는 부분이 많다. 전기가 화석 연료로 만들어지는 경우는
어떨까? 자동차가 배기가스를 뿜지 않는다고 해도, 전기를 만
드는 과정에서 배기가스가 나올 것이다. 그 연결 고리를 인정
하지 않는 한에서만, 전기차는 완벽한 친환경적 대안으로 보

인다. 배터리 문제도 있다. 모두 자원을 채굴해서 배터리를 만들고 있으니 말이다. 자원을 채굴하는 과정에서 원주민 공동체가 해체될 위험도 있다. 차량을 이용하는 걸 막을 수는 없는 노릇이니, 이 안에서 인간이 최선을 다해 답을 찾아야만 하는 상황이다. 환경은 좁게는 생태와 기후에 관련된 문제로 한정할 수 있지만, 사실은 모든 것이 연결된 문제다. 인간이 쓰는 모든 자원은 어디에선가 온 것이고, 어딘가로 가야 한다.

현대 사회는 경부 고속도로적인 사고방식에서 벗어날 수 있을까?

있을 수도, 없을 수도 있다. 제도를 바꾸는 것도, 유지하는 것도 우리 모두의 몫이기 때문이다. 효율을 추구하는 것과 감당할 수 있는 속도로 살아가는 것, 그 둘 사이의 균형은 모두가 책임져야 할 것이다. 물론 개인의 책임도 있겠으나, 지금의 가속은 사회가 제동을 걸어야 한다는 생각이 커지고 있다. 많은 아이가 경쟁에서 뒤처지지 않기 위해 영어 유치원에 다니는 건 이상하지 않은가? '남들 다 하니까'라는 구조 아래에서 모두가 속도에 지쳐가는 듯하다.

더 나은 환경을 위한 제도의 전환은 어떻게 이뤄낼 수

있을까?

환경 문제 해결의 핵심은 기존의 권력과 삶의 형태를 전환하는 것에 있다. 물론 개인적인 활동도 큰 영향을 미친다. 제로웨이스트 운동은 가장 효능감이 높은 기후 행동 중 하나다. 한국 사회가 할 것은 이런 종류의 활동이 꾸준히 이어지도록 뒷받침하는 역할이다. 지금 한국의 환경 정책은 너무 무력하다. 유권자는 정책에 대해 좋고 싫음을 판단하지 않나. 그런데 환경 정책은 그 판단조차 가능치 않은 상황이다. 정치의 힘은 크다. 독일은 시민 사회의 요구에 따라 녹색당이 연정에 들어가 있다. 그에 비해 한국은 녹색당을 향한 지지가 적을 뿐 아니라, 소수 정당은 표를 얻기 어렵다는 제도적 한계도 있다. 환경에 대한 담론도 그만큼 작을 수밖에 없다. 환경 담론은 다른 분야와 고립돼 있으면 안 된다. 미국의 IRA만 봐도 그렇다. 환경과 산업, 경제와 정치가 긴밀히 연결돼 있는데, 우리나라는 모두 분리돼 있다.

우리나라의 환경 문제에서 큰 쟁점 중 하나는 원전 문제다.

원전은 환경론자들 사이에서도 첨예하게 의견이 갈리는 문제다. 찬성파는 원전을 통한 에너지 발전이 화석 연료를 사용하지 않는다는 점에 집중하고, 반대파는 원전이 진정한 탈탄소가 아니라고 지적한다. 시멘트 바르고, 차로 나르고, 우라늄을 가져오는 건설 과정부터 시작해, 원전은 언제나 무기가 되고 핵이 될 수 있는 위험성을 가지고 있다. 의견 대립이 첨예한 상황에서 판단은 시민의 몫이다. 제20대 대선 당시에는 국민이 원전을 찬성하는 쪽에 손을 들어 줬다. 그러나 그 이후의 사회적 공론화는 전무한 상황이다. 모든 정부에게 중요한 건 에너지의 공급일 수 있다. 개인적으로 판단하기에, 한국도 제조업 국가로서 그간 에너지의 공급 문제에 매우 집중해 왔다. 그러나 곧 닥칠 미래에는 원전의 폐기물 문제가 논란이 될 수 있다. 물론 핀란드에도 원전과 폐기물 처리소가 있다. 다만 이는 수십 년간 진행된 공론화의 결과물이었다.

환경 보호를 설득하는 법

"환경을 말하려면 뜨거운 마음을 조금 더 차갑게 식혀야 하는 시대"라고 언급했다. 효율화에 대응하는 냉정하고 차가운 설득 방법도 있을까?

환경 이야기를 할 때, 나는 언제나 뜨거운 사람이었다. 막막한

감정이 들 때도 많았고, 데스크의 외면이나 다소 아쉬운 지시에 분노하고 슬퍼하며 기사를 쓴 적도 있다. 어느 날은 금융 분야도 기후 대응을 해야 한다는 주장을 펴는 증권 전문가를 만난 적 있다. 이분께 경제 산업으로 기후 이야기를 푸는 게 쉽지 않다며 하소연했다. 돌아온 답변은 "포기할 건 포기하세요"였다. 확신은 바꾸기 어렵다. 그래도 다른 방법을 떠올릴 수는 있다. 논리적 근거를 제시하는 것보다 제인 구달의 가슴을 울리는 스토리가 그들의 마음을 바꿀 수도 있다는 말이 기억에 오래 남았다. 뜨겁게 분노하는 것만이 세상을 설득할 수 있는 유일한 방법이 아니라는 생각을 하게 됐다.

사람과 상황에 맞는 설득 방법이 있다는 이야기로 들린다.

그 답변을 듣고 조금은 실망했지만, 사실 '그 방법밖에는 없지 않나?' 하는 생각도 했다. 명화에 으깬 감자를 던지던 '저스트 스톱 오일Just Stop Oil'의 시위 이후에, 오히려 미국 대학에서는 기후 위기 대응에 대한 공감도가 떨어졌다는 설문 결과가 있다. 기후 활동가에게는 뜨거운 마음이 있다. 그 뜨거운 마음을 잘 전달하는 방법을 고안해야 한다. 냉정한 전략가처럼 이 상대가 받아들일 수 있을 정도의 논의와 그 방법이 무엇인지를 끊임없이 고민해야 한다.

구체적인 방법이 궁금하다. 기자로서 다양한 사람과 이
야기를 경험했을 것 같다.

동물권이나 환경에 대한 이야기는 모두의 출발선이 아예 다
를 수 있다는 걸 명심해야 한다. 한번은 에너지 전환에 대해
한 시간 동안 강의를 했는데, 강의가 끝날 때쯤 한 분이 "재생
에너지가 뭐냐"며 질문한 적도 있었다. 설득할 때 상대가 어
느 정도의 수용성을 가졌는지를 면밀히 살피면 좋을 것 같다.
누군가에게 타인의 생각이 받아들여지지 않는다면, 그건 타
인을 미워해서가 아니라 그와는 다른 역사와 마음이 켜켜이
쌓여서다. 그 다름을 이해하고 먼저 받아들이면 설득 방법이
보인다.

기술은 환경을 구할 수 있나?

지금 개발되는 기술의 미래에 대한 판단은 2030년까지는 유
보하려 한다. 왜 2030년이냐면, 탄소 예산이 그때쯤 끝나서
다. 기술의 미래를 예측하는 것보다 중요한 건 하나의 기술이
인권을 향하도록 사회가 유도하는 일이다. 그때 시민의 역할

이 중요하다. 소비자가 바뀌면 기업이 바뀌듯, 시민이 바뀌면 사회도 바뀐다. 시민은 언제나 제도와 정치적 결정에 적극적으로 의사를 표현해야 한다.

그런 의미에서 기대하는 기술은 무엇인가?

세상을 바꾸는 기술들에 기대를 걸고 있다. 자율주행이 노인을 위한 기술이라면 얼마나 좋겠나. 그런데 지금은 돈 많은 사람을 위한 기술이 되기 쉽다는 우려가 든다. 키오스크와 스마트폰도 마찬가지다. 어찌 보면 디지털 리터러시 교육도 참 이상하다. 왜 인간이 기술을 위해 교육을 받아야 할까. 기술이 인간을 향하는 게 옳은 방향 아닐까? 개인적으로는 지구의 환경을 위한 기술을 포함해 약자의 문제를 적극적으로 탐구하는 기술에 관심을 쏟고 있다. 물론 이런 기술들을 어떠한 목적과 방향에서 사용할 것인지는 결국 사회의 몫으로 남아 있다고 생각한다.

우리가 지금, 지속 가능한 미래를 위해 생각하고 행동해야 할 것을 하나 꼽는다면?

환경 기사를 쓰면 쓸수록, 환경 문제가 삶의 속도의 문제라고 느낀다. 멈추지 못한다면, 이 속도를 조금 늦추는 삶을 살아보는 건 어떨까. 모두가 일을 줄이는 삶이 가장 환경친화적인 삶일 테다. 지금 당장 도시를 떠나라는 게 아니다. 사회 전체적으로 속도를 늦춰도 된다는 시그널을 주고받자는 것이다. 빠르게 도로를 달리는 게 아니라 주변의 꽃과 나무를 볼 수 있다면, 모두가 환경 문제를 한 번 더 생각해 볼 수 있지 않을까.

콘크리트 바깥의 길

미국의 작가 잭 케루악의 소설《길 위에서》는 당시의 젊은이를 '완전히 지친beat 세대'라 명명한다. 비트 세대beat generation라 불린 이들은 물질주의와 기성도덕에 반기를 들고 끝없이 펼쳐진 미국 서부의 흙길을 달렸다. 그들에게 길은 소진의 상태를 벗어날 수 있는 대안이었다. 당시의 길에는 제시된 방향도, 꼭 마주쳐야 하는 목적지도 없었다. 그들은 때로는 멈추고, 때로는 길이 아닌 곳으로 걸었다. 케루악의 소설이 출간된 1957년과 비교하자면, 지금의 길은 비트 세대가 걸었던 그것보다 튼튼하고, 딱딱하며, 명확하다. 곳곳에 놓인 표지판과 화살표는 걸어야 할 방향부터 거닐 수 있는 폭까지 정확히 일러준다. 음성 내비게이션의 시대에 운전자가 신경 써야 하는 유일한 것은 숫자다. 목적지에 닿기까지 걸리는 시간, 지금의 공간에서 허락되는 최대 속력과 같은 것들. 반세기 만에 길의 의미, 풍경, 그 위를 다니는 사람들의 사고방식까지, 많은 것이 바뀐 셈이다.

고속도로는 그 목적을 향한 질주의 첨단에 자리한 발명품이다. 고속도로에서 멈출 수 있는 방법은 단 두 가지다. 하나는 임시적 공간으로 발명된 휴게소에서 보내는 잠시의 휴식, 또 하나는 사고로 인해 예기치 않게 찾아오는 정지다. 그런 의미에서 고속도로는 이유 없이는 멈출 수 없는 길이다. 그 덕분에 고속도로는 기적이라 부르는 성장을 가능케 했다. 농촌과 도시가 연결되고, 사람들이 더 빠른 속도로 목적지에 닿을 수 있게 되자 한국은 비로소 선진국이 됐다. 한정적으로 주어진 땅을 가장 효율적으로 사용할 수 있는 고층 빌딩과 아파트는 고속도로의 정신을 공유했다. 아름답지 않거나 효율적이지 않은 공간은 산 위나 저지대에 숨겨졌다. 하늘 높이 솟은 서울에는 1제곱킬로미터당 1만 5000명의 시민이 모였고, 저지대 강남의 반지하에 사는 시민들은 다가올 여름의 폭우를 걱정한다.

사는 모습만 바뀐 건 아니었다. 최우리 기자가 말하듯, "경험은 중요"하고 "시공간의 확장은 인간에게 큰 영향"을 미친다. 서울과 부산을 이은 콘크리트와 쭉 뻗은 도로가 가능케 한 효율의 삶은 50년 동안 사람들의 생각 전체를 지배하기에 이르렀다. 경부 고속도로 건설 당시 청소년기를 보냈던 베이비부머 세대에게 속도와 연결은 풍요와 동의어였다. 그 이후의 세대에게 고속도로적인 사고방식은 당연한 감각이 됐다. 청년들은 임시적 공간인 휴게소에 잠시 머물 듯 5평 남짓의 원룸에서 대학 시절을 보낸다. 교통사고처럼 불시에 찾아오는 감속과 정지는 극복할 수 없는 뒤처짐으로 번역된다. 이 과정에서 젊은 세대는 두 가지 길로 분화한다. 전자의 청년은 '번아웃 세대'로 명명되고, 후자의 청년은 소외된 은둔 청년으로 불린다.

경부 고속도로는 현대 사회를 살아가는 이들의 사고방식을 응축한 것이다. 성장과 효율이 유일한 선택지 마냥 주어진 탓에, 많은 이들은 그 바깥을 상상조차 하지 못하고 길 위를 질주한다. 지금 경부 고속도로를 새로운 눈으로 보자는 것은 콘크리트 도로 바깥을 상상해 보자는 제안이다. 가드레일 바깥에서 떨고 있는 야생 동물과 콘크리트 아래 숨 쉬고 있을 흙, 콘크리트의 작은 크랙 사이에서 자라난 민들레 같은 것들 말이다. 가속화되는 기후 위기와 지속 불가능한 도시에 대응하기 위해 효율성과 성장의 문법, 그다음으로 나아가는 새로운 길의 서사가 필요하다. 최우리 기자는 모두가 잠시 속도를 낮추는 것으로도 새로운 길을 상상할 수 있다고 제안한다. 개인적 차원에서만이 아닌, 제도가 개인의 선택을 뒷받침하고

도울 수 있다는 의미에서 말이다.

　코소보의 수도 프리슈티나는 대중의 참여로 도시를 바꿔 보고자 했다. 그들이 택한 대안은 '오픈 소스 도시주의open source urbanism'였다. 오픈 소스 도시는 국가와 건축가가 설계한 완벽하고 딱딱한 것과는 거리가 멀었다. 프리슈티나가 택한 건 절대 바꿀 필요가 없는 완벽한 도시가 아닌, 언제나 더 나은 결과를 향해 끊임없이 변화하는 도시였다. 프리슈티나에는 두꺼운 콘크리트 대신 노란색 페인트가 놓였다. 이동식 가구는 그때 그곳을 지나는 시민의 필요에 따라 때로는 벤치가, 때로는 울타리가 됐다. 사람들은 도시 전체를 이동하며 풍경을 바꿨다. 프리슈티나의 모습은 항상 달랐다. 그래서 도시의 생김새만 봐도, 그곳을 지나친 시민을 그려 볼 수 있다. 콘크리트는 담지 못하는 우연한 만남이다.

　지친 세대가 머물렀던 1960년대의 흙길처럼, 현대 사회에게도 콘크리트 바깥의 길이 필요한 건 아닐까? 왜 2020년대의 모두는 길을 달리기만 할 뿐, 길 근처에 머물지 못할까. 이 시대를 위로할 길은 어디로 사라졌을까? 길 위에 놓인 모두가 물을 수 있고, 또 물어야 하는 질문이다.

글 김혜림 에디터

강원국은 1998년 김우중 전 대우그룹 회장의 스피치라이터로 시작해 국민의 정부, 참여정부에서 청와대 연설비서관을 지냈다. 8년에 걸쳐 대통령의 말과 글을 쓰고 다듬었다.《대통령의 글쓰기》(2014),《나는 말하듯이 쓴다》(2020),《강원국의 어른답게 말합니다》(2021)를 펴내며 지금은 작가로 살아간다. KBS1 라디오〈강원국의 지금 이사람〉을 진행하고 있다.

강원국 작가 ; 연설의
시대는 저물었다

말에는 생각이 담기고 시대가 담긴다. 대통령의 말은 곧 국가의 방향이다. 대통령의 연설문은 기록되고 쌓여 역사가 된다. 2006년 4월 25일, 노무현 대통령은 연단에 오른다. "존경하는 국민 여러분, 독도는 우리 땅입니다." 천천히 그러나 힘을 주어 말을 이어 나간다. "그냥 우리 땅이 아니라 40년 통한의 역사가 뚜렷하게 새겨져 있는 역사의 땅입니다." 노무현 대통령이 '조용한 외교' 노선을 탈피하고 강경 대응을 선언한 것이다. 연설은 생중계된다.

노무현 대통령의 연설은 우리나라 국민만이 아니라 일본에도 닿았다. 고이즈미 준이치로 당시 일본 총리는 즉각 반발했다. 일본 언론은 국제사법재판소 제소를 언급했다. 국내외적으로 큰 반향을 일으켰다. 노 전 대통령은 한일 관계에 대한 단호함을 두 마디에 녹여 냈다. 17년이 흘렀다. 한일 관계에 대한 특별담화문은 역사에 자리했다.

2023년, 그 역사를 다시 꺼낸 이유는 무엇인가.《한겨레》가 새해를 맞아 여론조사기관 글로벌리서치에 의뢰한 조사에 따르면, 정치적 갈등 해법의 우선순위로 협치와 포용이 꼽혔다. 응답자 40퍼센트가 정치적 이념 갈등 완화를 위해 '대통령과 여당, 야당의 상호 존중과 협치 강화'가 필요하다고 답했다. 민주주의는 말의 정치다. 상호 존중은 서로의 말을 듣는 것에서 시작한다. 왜 우리는 서로의 말을 들으려고 하지 않나. 지금, 우리 사회에 필요한 지도자의 말은 무엇인지 짚는다.

한일 관계에 대한 특별담화문

명연설로 꼽히는 것은 취임사가 대부분이다. 왜 특별담화문인가.

대통령은 하고 싶은 말이 있는 사람이고, 그 말을 통해 이루고자 하는 것이 있는 사람이다. 한일 관계에 대한 특별담화문은 계기가 없었다. 어찌 보면 안 해도 되는 연설이었다. 다른 말로 하면, 대통령 본인이 하고 싶었던 연설이라는 뜻이다. 처음부터 끝까지 대통령이 직접 완성한 연설이라는 점에서 각별하다.

왜 한일 관계였나.

노무현 전 대통령이 대외적으로 이루고자 했던 것은 딱 하나, 동북아시아의 평화였다. 노 전 대통령은 유럽연합EU 같은 질서를 동북아에 구현하는 것을 꿈꿔 온 사람이다. 한·중·일이 하나의 공동체를 이루면 항구적인 평화를 보장 받고 그 안에서 번영을 누릴 수 있다는 것이다. 노무현 전 대통령은 일본의 과거사 청산과 북핵 문제를 동북아 평화의 가장 큰 걸림돌로 여겼다. 과거사를 청산해야만 한일 관계가 진전하고, 남북 관계가 해결돼야 한중 관계가 진전한다고 생각했다. 남북 관계 해결의 첫 단추는 북핵 문제였다. 노 전 대통령이 임기 내내 과거사 청산과 북핵 문제에 큰 관심을 둔 이유다.

당시 일본의 행보는 문제가 많았는데.

노무현 전 대통령이 일본의 과거사 청산과 관련해 갖고 있던 생각은 확고하다. 일본이 사실을 인정하고, 지도자가 국민에게 그 진실에 대해 정확하게 알리고, 사과할 것은 사과하고, 그에 맞는 행동을 할 것. 그렇게 과거를 정리하고 동북아 평화와 번영을 위해서 함께 가야 한다는 것이 노 전 대통령의 생각이었다. 이를 위해서 임기 초부터 일본 국회에 방문해 연설하기도 했다. 그런데 고이즈미 준이치로 내각은 거꾸로 갔다. 신사 참배하고, 독도 영유권 주장하고, 역사 교과서 왜곡하고. 노 전 대통령이 참다 참다 한일 관계에 대한 특별담화문을 쓰게 된 것이다. 계기가 없는 연설이지만 그냥 불쑥 나온 것은 아니다.

첫 문장이 강렬하다. 인사 후 다른 설명 없이 "독도는 우리 땅입니다"로 시작한다.

초안에는 "존경하는 국민 여러분"도 없었다. 메일로 원고를 받았을 때, 대통령이 왜 이 연설을 썼는지, 어디에 쓰려는지도 모르는 상태였다. 그런데 첫 문장이 "독도는 우리 땅입니다" 였다. 노무현 전 대통령이 나에게 주문한 것이 있다. 첫 문장에서 사람들을 끌어들일 것. 보통 지루하고 장황한 이야기를 하는 사람에게 "연설한다"고 하지 않나. 시선을 끌기 위해선 '갑자기 뭐지?' 싶은 요소가 필요하다는 것이다. 그러면서 책을 추천했다. 제임스 C. 흄스James C. Humes의《링컨처럼 서서 처칠처럼 말하라》다. 역대 미국 대통령 다섯 명의 연설문을 담당한 작가가 쓴 책인데, 거기에도 의외의 시작을 하라는 내용이 나온다.

의외의 시작이라.

노무현 전 대통령이 예를 들며 설명했는데, 노예제 폐지론자인 프레더릭 더글러스의 1852년 독립기념일 연설이었다. 제목은 '흑인 노예들에게 7월 4일이 무슨 의미인가'다. 독립기념일에 초청된 흑인 지도자의 첫 마디는 "저를 여기 왜 불렀

습니까"였다. 인종 차별은 여전한데 무엇을 기념하는지에 대한 반문이었다. 대통령직 인수위원회 약 두 달간 노 전 대통령은 내가 써 간 연설문을 읽지 않았다. 대통령 당선인의 말에 주목도가 가장 높은 때인데, 많은 연설과 발표를 노 전 대통령 혼자 하다시피 했다. 취임 후 나를 불러 그간 내 연설문을 읽지 않은 이유를 말해 줬다. "내 글이 아니어서 안 읽었네. 내 글을 써 주게." 그리고 자신의 글은 무엇인지 두 시간 동안 얘기했다. 첫 번째가 핵심 메시지를 첫 문장에 담는 것이었다. 개인적으로 한일 관계에 대한 특별담화문은 노무현 전 대통령의 글을 확실히 이해하게 된 계기다.

대통령은 할 말이 있는 사람

대통령은 연설문 작성 과정에 어느 정도 개입하나.

대통령의 의견을 담아서 작성되지만, 대통령이 직접 쓰진 않는다. 취임사의 경우, 준비위원회가 있을 정도다. 준비 과정에 따라 연설문과 말씀 자료를 구분한다. 대통령이 낭독하면 되는 수준으로 준비된 것이 연설문이고, 참고할 만한 메모 같은 것이 말씀 자료다. 대통령 임기 5년 동안 약 500편의 연설문이 필요하고, 대부분 회의나 행사는 말씀 자료로 대체된다.

500편의 연설문 중 대통령이 직접 쓰는 건 보통 임기 중 열 편을 넘지 않는다. 한 편도 안 쓰는 대통령도 있다.

노무현 전 대통령이 직접 챙긴 연설문의 공통점이 있나.

역사의 기록에 남을 연설이라고 판단하면 직접 작성했다. 그 시대, 그 자리의 청중에게만 전달되는 것과 역사에 남는 것은 다르다. 그 중요성을 판단하는 것은 감각이나 안목일 수도 있고 쌓아 온 내공일 수도 있다.

좋은 연설문의 조건은 무엇인가.

기본 조건은 진심이다. 본인에게서 나온, 본인이 하고 싶은 말이라는 뜻이다. 충분조건은 결과다. 일종의 반향을 만들어 내는 연설이어야 한다. 한 귀로 흘려들을 만한 내용이라면 안 하는 것만 못 하다. 어떠한 영향도 끼치지 못한다면 연설문으로서 결격이다. 연설은 일방적으로 혼자 떠드는 웅변이 아니다. 듣는 사람을 설득하겠다는 목적을 가졌다. 마음을 움직여야 하므로 설명이 많고 구체적이다. 설득하고자 하는 바가 명확하지 않다면 단어 자체가 추상화된다. 자신만 아는 소리를 하는 것이다. 그럼 듣는 사람에게도 가 닿지 못한다.

연설의 위상이 사그라든 것 같기도 하다.

내가 일하던 때는 그야말로 연설의 시대였다. 여의도 광장, 보라매 공원에서 대통령이 연설하면 백만 명이 모였다. 상명하복의 시대였기 때문에 일방통행식의 말이라도 따르는 사람들이 있었다. 하지만 지금은 그렇지 않다. 온라인으로 어디서나 대통령의 말을 쉽게 접한다. 길어지면 가만히 듣고 있을 사람이 없다. 국민들의 발화, 참여도 쉬워졌다. 연설의 시대는 저물었고 질문과 대화의 시대가 왔다. 연설이 아니어도 관계 부처에 대한 지시나 현장에서 만나는 국민에게 하는 약속 하나까지, 대통령 직무 수행의 모든 것이 말로 이뤄진다. 말로 국정을 운영한다고 해도 과언이 아닐 정도다. 연설의 힘은 달라졌지만, 여전히 대통령의 말은 중요하다.

변한 미디어 환경은 대통령의 말에 어떤 영향을 끼치나.

대통령의 말이 언론을 거치는 과정에서 좋게 말하면 정제, 나쁘게 말하면 왜곡된다. 대통령이 SNS를 통해 자신의 말을 직접 전달할 수 있게 되면서 국민과의 접점이 늘었다. 국민과의 소통 창구가 다변화된 것은 긍정적인 일이다. 하지만 그만큼 위험한 일이기도 하다. 여러 면으로 노출되다 보면 예상치 못한 사고나 실수가 있기 마련이다. 말의 농도가 옅어져서 대통령의 영이 안 설 수도 있다. 그럼에도 불구하고 노무현 전 대통령은 지금의 미디어 환경을 반기고 잘 활용했을 것 같다. 굉장한 얼리어답터였기 때문에 즐겁게 소통했을 것 같다.

지금 연설비서관을 했다면 어땠을 것 같은지.

잘 못 했을 것 같다. 단순하게는 디지털 환경에 익숙한 편이 아니다. 연설비서관은 2D(Difficult·Dangerous) 직업이라는 우스갯소리가 있다. 다른 부처 비서관의 주된 업무가 지시라면 연설비서관은 직접 쓰는 것이다. 그만큼 시간을 많이 써야 한다. 그리고 대통령과 매일 대면한다는 점에서 위험한 일이다. 연설비서관이 다루는 것은 대통령의 말이기 때문에 실수는 대통령에 대한 직접적 위해가 된다. 그야말로 살얼음판을 걷는 일이라 집에 못 가고 일했다. 명절이나 대통령 해외 순방 때 쉴 수 있었는데, '이것만 끝나면 그만둔다고 말할까?' 고민한 적도 많다. 그래도 후회는 없다. 하길 잘했다 싶다.

추종하지 않고 배척하지 않으면서 성장하라

말에 대한 치열한 고민을 거친 것 같다. 지금 우리 사회

<u>의 말은 어떤가.</u>

말의 홍수 시대인데 문제가 있다. 결론에 도달하지 못한다는 점이다. 말은 씨앗이다. 열매를 맺어야 한다. 그런데 말에 휩쓸려 가고 있다. 말을 하는 이유는 무엇인가. 누군가를 설득하고 갈등을 해결하고, 또 누군가의 말을 들으며 위로와 용기를 얻기 위함이다. 그것이 말의 효용이다. 하지만 말이 문제를 만들고 갈등을 증폭하고, 위로는커녕 상처를 주는 상황이다.

<u>이유는 무엇인가.</u>

다름과 다양성을 인정하지 않는 역사 때문이다. 포용력은 학교 들어가기 전부터 키워야 하는 능력이다. 그런데 나만 해도 그걸 배울 기회가 없었다. 오히려 다른 사람과의 경쟁에서 이기는 것, 같은 편끼리 뭉치는 것, 무리가 아니면 배척하는 것을 꾸준히 학습했다. 나와 다르면 업신여기거나 떠받들거나, 둘 중 하나다. 그런 시대를 살아온 세대가 비워 줘야 한다. 지금 젊은 세대는 짓눌려 있는 상황이다. 말을 하지 못한다. 그래서 힘이 없다. 세대교체가 안 되니 말도 변하지 않는다.

세대 간의 말은 무엇이 다른가.

1960년대 태어나 1980년대 대학 다니면서 민주화 운동에 앞장섰던 386세대가 살아온 시대는 읽기와 듣기 중심이었다. 공부를 잘하면 성공할 수 있는 시대였다. 잘 읽고 잘 들으면 됐다. 그렇게 들어간 회사에서도 마찬가지다. 조직이 맡긴 업무를 실수 없이 해결하면 됐다. 손실loss을 줄이려면 부정적이고 비판적인 관점에서 봐야 한다. 걸러내기 위한 말이 효율적인 시대였고, 그러다 보니 경쟁적인 말이 주가 됐다. 사람들은 점점 말하지 않고 수동적이게 됐다. 하지만 시대의 흐름이 변했다. 창의성을 요구한다. 자신을 잘 표현하는 사람, 말하고 쓰는 사람이 성공하는 시대다.

앞으로는 어떤 말의 역사를 써야 하나.

적극적으로 말의 바다에 뛰어들어야 한다. 종이책만이 아니라 칼럼이든 영상이든 다른 사람의 생각을 읽고 자기화해야 한다. 내 느낌, 생각, 의견은 무엇인지 사색하는 과정이 중요하다. 받아들이는 데 그치지 말고 메모하고, 메모한 것을 말하고 글로 써야 한다. 말과 글은 내가 어떤 사람인지 다른 사람에게 알리는 수단이다. 다른 사람들이 나의 이야기를 인식할 때, 자기다움이 완성된다. 하지만 그게 다가 아니다. 자기다움을 찾은 뒤에는 벗어나기 위해 노력해야 한다. 아무리 자기다움이라도 매몰되면 아집이다. 세상과의 접점을 넓히며 끊임없이 변해야 한다. 추종하지 않고 배척하지 않으면서 성장해야 한다.

2023년 상반기는 어땠나.

정권이 바뀌고 여러 변화가 있었다. 특히 한일 관계, 한미 관계 등 외교에 대한 말이 많았던 것 같다. 날마다 새로운 이야깃거리들이 나오면서 혼란스럽기도 했다. 말이 헛돈 시대가 아닐까. 말의 방향이 바뀌어야 한다. 말의 목적이 옳고 그름을 가르는 것이 되면 안 된다. 해야 할 말은 하고, 하지 말아야 할 말은 하지 않으면서 때로는 상대가 듣고 싶어 하는 말도 해야 한다. 거기에 상대의 말을 경청하면 지금 같은 각박한 '말글살이'에서 살아남을 수 있다. 그리고 더 나은 말을 찾아가는 과정으로서의 대화가 이뤄진다면, 우리는 잘살 수 있다. 서로 보태 주면서 가장 좋은 말을 찾아가길 바란다.

지금 우리 사회에 필요한 말은 무엇인가.

유머다. 말이 각박한 세상이다. 모두가 말로서 칼을 겨눈 것 같다. 유머로 숨통을 트여야 한다. 지도자의 자리에 있을수록 유머가 중요하다. 호주 정상회담 때의 일이 기억난다. 호주 총리가 노무현 전 대통령에게 호주산 철광석을 많이 사 달라고 하니 노 전 대통령이 이렇게 답했다. "좋습니다. 우리는 철광석을 수입해서 자동차를 만듭니다. 그런데 그 자동차가 고향에 돌아가고 싶어 합니다." 우리나라가 만든 자동차를 많이 사 달라는 뜻이다. 농담 속에서 웃음도 찾고 여유도 찾고 위로를 누렸으면 좋겠다.

지금 우리 사회에서 문제가 되는 말은 무엇인가.

우선 상대를 인정하지 않는 배제와 타도의 언어에서 벗어나야 한다. 민주주의가 좋은 이유는 공존의 제도이기 때문이다. 다른 사람과 함께 간다는 것은 대화와 타협을 전제로 한다. 우리 정치에서는 실종됐다.

2024년 4월 10일, 제22대 국회의원 선거가 있다. 대화

있는 총선을 기대할 수 있을까.

말은 더 극단화할 것이다. 지금 우리 정치에 중간 지대가 없기 때문이다. 조정과 타협의 말을 하는 사람은 회색분자가 된다. 어느 한쪽으로 가지 않으면, 서 있을 수 없는 구조다. 내부에서 극단적인 발언이 득세하고, 결국 집단 양극화로 이어진다. 끼리끼리 뭉쳐서 양극단을 향해 가고 있다. 양 끝에 남아 있는 것은 날이 서 있는 말뿐이다. 대결과 반목의 말이 선거철에는 더욱 심화할 것이다. 말이 너무 오염돼 있으면 국민으로서는 꼴도 보기 싫어진다. 정치적 무관심이 우려된다.

오염된 말 속에서 좋은 말을 가려내는 기준이 있나.

첫째는 단연 말의 사실 여부다. 둘째는 말의 시행 가능성이다. 사실이 맞는지와는 다른 차원이다. 권력자의 말이 약속인지, 공언空言에 불과한지 냉정하게 봐야 한다. 그리고 마지막으로 뺄셈의 언어인지, 덧셈의 언어인지 헤아려 보는 것이 중요하다. 상대를 깎아내리기보다 본인이 할 수 있는 것에 대한 말에 관심을 쏟아야 한다. 그 말로 인해서 우리의 사회, 정치, 경제, 역사가 후퇴하는지 전진하는지를 따져 보는 것이 시급하다.

앞으로 올 말

강원국 작가가 8년 동안 청와대에서 듣고 쓰던 '말'을 나는 알지 못한다. 나는 국민의 정부가 출범하던 1998년 태어났다. 노무현 전 대통령이 취임하던 2003년, 겨우 다섯 살이었다. 나는 그들의 말을 들어본 적 없다. 정치적 편향성을 가지고 진행한 인터뷰가 아니라는 뜻이다. 단지 궁금했다. 노무현 전 대통령의 말이 지금까지 회자되는 이유가 말이다. 노 전 대통령의 말은 기사로만 접했다. 평이 갈렸다. 누구는 알아듣기 쉬워 좋다고 했고, 누구는 경솔해서 싫다고 했다. 그럼에도 지금까지 전해져 오는 이유가 궁금했다.

역사를 통해 미래를 전망하는 책의 기획을 듣자마자, 강원국 작가를 만나야겠다고 생각했다. 내가 가지고 있는 궁금증을 해결해 줄 사람 같았다. 연락을 드렸다. 1998년생 에디터인데 그 세대의 말이 듣고 싶다고 했다. 강원국 작가는 인터뷰에 응했다. 그렇게 2023년 5월의 마지막 날, 작은 회의실에 1998년생 에디터와 1962년생 작가가 마주 앉았다. 강원국 작가는 우리 역사가 쌓아 온 말을 천천히 풀어나가기 시작했다. 오랜 시간 권력자의 말을 듣고 쓴 사람이지만, 권위는 느껴지지 않았다.

"대통령은 하고 싶은 말이 있는 사람이고, 그 말을 통해 이루고자 하는 것이 있는 사람이다." 강원국 작가가 처음 내

뱉은 말이다. 대국민 연설부터 국정 운영 지시까지 대통령의 직무 수행의 모든 것이 말로 이뤄진다고 설명했다. 비단 대통령만이 아니다. 모든 정치인이 그렇다. 민주주의는 시민의 동의를 기반으로 굴러가는 체제다. 다시 말해, 정치인의 중요한 임무 중 하나는 말을 통해 시민을 설득하는 것이다.

정치의 본질은 '누구를 위해, 무엇을, 왜'라는 질문이다. 수사학의 주된 기능은 설득persuader이다. 고대인들이 이를 학문으로 구분한 것은 설득을 공부해야 하는 기술로 여겼기 때문이다. 수사학의 이론 체계를 만든 아리스토텔레스는 설득의 방식을 세 가지로 나눈다. 로고스logos, 에토스ethos, 파토스pathos다. 로고스는 전하고자 하는 핵심을 말한다. 노무현 전 대통령이 말한 '첫 문장'이다. 에토스는 '말하는 자의 고유 성품'을 말한다. 말하는 사람의 시선, 단어 선택, 카리스마 등이다. 강원국 작가는 인터뷰에서 이를 대통령의 '영'이라 표현한다.

그리고 마지막으로 중요한 것은 파토스다. 그대로 번역하면 정열, 충동인데, 말하는 사람의 진정성을 의미한다. 강원국 작가는 좋은 연설의 기본 조건을 진심이라고 말한다. 진정성을 담아야 반향을 만들어 낼 수 있다는 것이다. 정치는 말의 잔치다. 하루에 수백 편의 기사가 정치인의 말에서 나온다. 시사 라디오 일일 편성표에 이름을 올리는 정치인만 해도 수십

명이다. 인터뷰 내용 전문은 기사로 옮겨진다. 이 중 반향을 만들어 내는 말은 얼마나 될까. 쏟아지는 말의 결과물이 시민의 피로감이 돼서는 안 될 일이다.

《한겨레》가 글로벌리서치에 의뢰해 내놓은 2023년 새해 여론조사에 따르면, 응답자 50퍼센트가 '정당 간 대립과 갈등이 과거와 비교해 늘었다'고 답했다. '각 정당을 지지하는 유권자 간 대립과 갈등이 늘었다'는 응답도 50퍼센트를 넘었다. 정당 간 대립과 갈등이 심화한 이유로는 '편 가르기식 정치 문화'가 1위로 뽑혔다. 응답자 열 명 중 네 명은 정치적 성향이 다른 사람과 식사나 술자리를 함께하는 것을 불편하다 여기는 것으로 나타났다. 정치 성향이 본인이나 자녀 결혼에도 영향을 끼치는 것으로 드러났다. 지금의 정치는 갈등을 말하고 있다.

갈라진 말의 시대, 그 원인을 묻자, 강원국 작가는 "나조차 그렇다"고 답했다. 그렇게 배워 왔기 때문이라고 설명했다. 빠르게 성장하는 시대, 손실을 줄이기 위한 뺄셈의 말이 득세했고 사람들은 경쟁적인 말 앞에 소극적으로 변했다는 것이다. 그러면서 2010년 서울에서 열린 G20 정상회의 후 오바마 전 미국 대통령의 기자 회견을 언급했다. 오바마 대통령은 한국 기자에게 기회를 주었지만, 아무도 손들지 않았고 질문의 기회는 중국 기자에게 넘어갔다. 이는 기자 회견 흑역사로 두고두고 언급된다.

경쟁적인 말을 희석하기 위한 방법을 우리는 이미 알고 있다. 앞서 언급된 조사에서 '정치적 갈등을 완화하기 위해 필요한 것은 대통령과 여야 간의 상호 존중'이라는 응답이 41퍼센트를 차지했다.

2023년 5월 6일과 13일 양일간, 국회정치개혁특별위원회는 국민들의 말을 듣기 위해 시민 참여단을 구성해 숙의 토론회를 열었다. 지역, 성별, 연령이 다른 시민 500명이 모여 국회의원 선거 제도 개편에 대해 논했다. 이후 발표한 결과에 따르면, '비례 대표 의원을 더 늘려야 한다'는 의견이 숙의 전 27퍼센트에서 숙의 후 70퍼센트로 확대했다. 국민들이 정치적 이해에서 벗어나 자유롭게 서로를 설득하고 설득당하며 뜻을 모았다는 것이다. 김진표 국회의장은 "여야가 최종안을 만드는 데 좋은 길잡이가 될 것"이라고 말했다. 국민은 언제든 설득하고 설득당할 준비가 돼 있다. 내가 강원국 작가의 말을 듣고 그 세대의 말을 이해하게 된 것처럼 말이다.

2023년 상반기 가장 기억에 남는 대통령의 말은 '바이든'과 '날리면'이다. 2022년 9월 윤석열 대통령의 미국 순방기간 중 벌어진 비속어 논란이다. 이후 엠브레인퍼블릭·케이스탯리서치·코리아리서치·한국리서치의 10월 1주 전국지표조사에 따르면, 응답자 70퍼센트가 '비속어 논란을 매듭짓기 위해 대통령의 사과가 필요하다는 주장에 동의한다'고 밝혔다. 보수층에서도 49퍼센트가 동의한다고 답했다. 말은 주워 담을 수 없지만, 더 좋은 말을 쌓아 갈 수는 있다. 앞으로 올 말이 중요한 이유다.

2024년 4월 10일, 제22대 국회의원 선거가 있다. 말의 잔치가 될 것이다. 강원국 작가는 이번 총선을 계기로 말의 극단화와 그로 인한 정치적 무관심이 우려된다고 말했다. 제3지대가 없는 한, 양극단에 위치한 말이 득세할 것이라 분석했다.

그 말을 들으며 강원국 작가와 대화를 나눈 작은 회의실이 제3지대가 될 수 있지 않을까 생각했다. 우리는 서로를 몰라도 너무 모른다. 세대 간의 말이 오고 갈 공간이 없었기 때문이다. 강원국 작가는 경쟁적인 말을 가진 세대가 그렇지 않은 세대에게 길을 비켜 줘야 한다고 했다. 나는 동의하지 않는다. 앞으로 올 말은 그 세대의 말도, 내 세대의 말도 아닌 '새로운 말'이어야 한다. 새로운 말의 역사는 '우리'의 입에서 시작한다. 이번엔 내가 강원국 작가를 설득할 차례일지도 모르겠다.

글 정원진 에디터

홍성수는 숙명여자대학교 법학부 교수이다. 법사회학, 법철학, 인권법이 주전공이며, 인권 이론과 혐오 표현, 차별 등의 주제를 주로 연구해 왔다. 주요 저서로《법의 이유: 영화로 이해하는 시민의 교양》(2019),《인권제도와 기구: 국제 사회 · 국가 · 지역 사회》(2018, 공저),《말이 칼이 될 때: 혐오표현은 무엇이고 왜 문제인가》(2018)가 있다.

홍성수 법학자 ; 차별금지법,
정치권이 화답할 때

기나긴 법의 역사에서 미래를 보기 위해 중요한 것은 지금까지 만들어진 법이 아니다. 윤리와 규범 사이에 선을 긋고 우리의 행동을 새롭게 규정할, 앞으로 만들어질 법이다. 인권법 연구자인 홍성수 숙명여대 법학부 교수는 그것을 차별금지법이라고 본다. 연구와 현장에서의 활동, 그리고《말이 칼이 될 때》등 저서를 통해 그는 일관되게 주장했다. 차별금지법을 통해 대한민국은 더 성숙한 민주주의 국가가 될 수 있다고, 그래서 이 법이 통과돼야 한다고.

2022년 5월 25일, 국회 법제사법위원회 법안심사 1소위 회의장. 2007년 처음 법안이 발의되고 15년 만에 국회에서 처음 열린 차별금지법 공청회였다. 박주민 위원장을 중심으로 양측에 좌석이 길게 늘어져 있다. 박 위원장의 오른편에는 다섯 명의 민주당 의원들이 앉아 있다. 그런데 왼편은 텅 비어 있다. 국민의힘 법사위 소속 위원들은 보이콧을 선언하고 참석하지 않았다. 이날 홍성수 교수는 공청회에 참석해, 법 제정을 더 이상 기다릴 수 없는 상황이라고 강조했다. 국회 바깥에서는 45일째 단식 농성을 하던 차별금지법제정연대 미류 활동가의 '평등 텐트'가 놓여 있었다. 2023년 6월, 공청회가 열린 지 1년도 더 넘었다. 차별금지법은 아직 국회를 표류 중이다.

너무 오래 끌어온 싸움이다. 2000년대 차별금지법 논의가 처음 시작될 때, 정치권은 미래를 향한 화두를 던지는 역할을 했다. 사회의 논의가 무르익지 않았을 때 필요성을 인식하고 먼저 불을 댕긴 것이다. 16년이 지났고, 상황은 역전됐다. 2022년 인권위 여론 조사에 따르면 국민 67퍼센트는 차별금지법 제정에 찬성한다. 경제협력개발기구OECD 38개국 중 차별금지법을 제정하지 않은 나라는 지금껏 일본과 한국뿐이었다. 그리고 2023년 6월 13일, 일본에서는 일본판 차별금지법이라 불리는 'LGBT(레즈비언·게이·양성애자·성전환자)이해증진법안'이 중의원을 통과했다. 이제 대한민국만이 남았다. 대한민국 국회가 차별금지법 논의를 진전시키지 못할 때, 퀴어 축제는 광장을 뺏겼다. 사회를 이끌었던 정치권이 지금은 사회의 부름에 응답조차 못 하는 모양새다.

차별금지법 공청회

<u>공청회에서 가장 인상 깊었던 장면이 있다면?</u>

공청회에서 열띤 토론이 진행된 건 아니었다. 차별금지법에 반대하는 쪽이나 국민의힘 의원들이 불참했기 때문이다. 하지만 그동안 국회에서 멈춰 왔던 논의가 드디어 시작됐다는 것 자체로 큰 의미가 있었다. 나와 다른 진술인들이 목소리 높

여 강조했던 건 이제는 국회가 결과를 보여줄 때가 됐다는 것이다. 차별금지법은 처음에는 시민들이 잘 알지 못하는 이슈였다. 그러나 20년 가까이 시민 사회가 공론화하고 지지를 끌어내기 위해 온갖 노력을 다해 왔으며, 어느덧 국민적 관심사가 됐다. 이제 정치권이 화답할 때다.

차별금지법에 대한 국민과 정치권의 인식 차이가 큰 이유를 무엇이라고 보는가?

절박함의 차이다. 정치권이 차별금지법의 필요성을 충분히 인식하지 못하고 있다. 국회의원들과 대화해 보면 그 필요성을 인정하는 의원들이 상당수다. 그런데 차별금지법에 대한 절박한 마음은 아니라고 느껴진다.

근본적인 이유가 있을까?

정치권 구성에 따른 감수성의 차이가 있다. 대한민국 국회는 다수자성을 가진 사람들로 구성된 집단이다. 사회 엘리트의 길을 걸어온 50대 이상의 남성이 다수를 이룬다. 국회의원 중에는 1970~1980년대에 민주주의 실현과 인권 향상을 위해 많은 노력을 한 의원도 있다. 하지만 그들도 차별이라는 이슈에 대해서는 민감성이 떨어진다. 국민, 특히 젊은 세대의 감수성과는 다소 거리가 있다는 생각이다.

차별금지법에서 말하는 '차별'이 무엇이기에 그럴까?

차별금지법에서의 차별은 개인의 고유한 속성이나 정체성으로 인해 합리적인 이유 없이 고용과 행정 등 공적·사적 영역에서 구분·배제되는 것을 말한다. 성별, 장애, 나이, 언어, 인종, 성적性的 지향, 출신 지역, 종교와 사상 등 타인이 간섭할수 없는 고유의 정체성과 관련한 것들 말이다. 지금도 헌법상, 법률상 차별은 금지돼 있다. 하지만 구체적인 차별의 개념, 차별당한 피해자에 대한 구제, 국가, 지자체, 교육 기관, 기업 등의 의무 등 세부 사항에 대해서는 법률에 규정된 사항이 없거나 개별 법률에 흩어져 있다. 차별금지법은 이를 통합적으로 규율하는 법제다.

왜 지금 차별금지법에 관심을 가져야 할까?

노무현 대통령이 대선 공약으로 차별금지법을 약속했던 2002년에 비하면 사회가 많이 성숙했다. 당시는 차별금지법의 존재조차 생소하던 때였다. 이제는 국민 다수가 이 법을 알고,

지지하고 있다. 사회적인 관심이 고조된 것도 분명한 성과다. 이 정도 성과가 확정됐다면 정치권이 화답할 필요가 있다.

차별금지법을 반대하는 세력도 있다. 논쟁적인 법이라서 처리가 늦어지는 것 아닐까?

법안이 통과되지 못하는 가장 직접적인 이유는 거기에 반대하는 사람들이 있기 때문이다. 지금은 일부 보수 기독교 세력의 반대가 거세다. 그런데 사실 모든 법에는 갈등이 있다. 지금은 폐기 수순을 밟게 됐지만, 간호법 역시 사회적 갈등이 상당했다. 그럼에도 간호사의 권리나 국민 의료 발전을 위해 필요한 법이라고 생각했기에 국회가 통과시킨 것이다. 갈등 여지와 반대하는 세력이 있다는 것 자체는 법 제정을 미룰 이유가 되지 못한다. 물론 반대에 합당한 이유가 있다면 귀를 기울여야 한다. 그런데 차별금지법에 대한 반대 논거를 보면 유의미한 것들이 거의 없다. 인권과 공동체를 위해 이 법이 필요하다는 확신이 있다면 자신 있게 통과시켜야 한다. 안타깝게도 지금 국회의원들이 그럴 만한 의지가 없다고 생각한다.

현재 국회에는 네 개의 차별금지법이 발의돼 있다. 각각 정의당 장혜영, 더불어민주당 이상민, 박주민, 권인

숙 안이다. 네 법안의 면면은 무엇이 다른가?[1]

세부적으로 여러 차이가 있지만, 가장 결정적인 차이는 강제력이다. 일부 법안은 피권고기관이 차별 시정 조치를 하도록 행정 명령을 내리거나 이행 강제금을 부과할 수 있는 '시정명령권'을 포함한다. 하지만 사실 네 법안의 차이를 부각할 필요는 없다고 본다. 어떤 법이든 빨리 논의를 시작해서 통과시키는 것이 우선이다. 네 개 안 중 어떤 법이든 통과되는 것이 아무것도 통과되지 않는 것보다는 훨씬 낫기 때문이다.

지금 당장 차별금지법이 필요한 이유

강제력이 없는 법안이 통과되면 차별금지법의 효용이 없거나 사각지대가 생기지 않나?

법 자체에는 강제력이 없더라도 차별금지법에 근거한 판단이 내려지면, 이를 근거로 민사 소송이나 행정 소송 등을 제기할 수 있다. 직접적인 강제력은 없지만, 피해를 구제할 수 있는 여지가 생기는 것이다. 또한 법적 강제력이 없다고 해서 무력한 것은 아니다. 가령 어떤 기업에서 차별 사건이 발생하면 차별금지법에 따라 국가인권위원회에 진정을 제기할 수 있다.

국가 기구인 인권위가 차별이라고 인정하면 기업에 시정 권고를 한다. 강제력이 없다는 것은 기업이 이 시정 권고대로 집행할 법적 의무가 있는 것은 아니라는 뜻이다. 하지만 국가 기구가 엄정한 조사를 거쳐 차별이라고 판단을 내렸는데, 기업이 이를 쉽게 무시할 수는 없다. 우리 사회의 수준이 높아질수록 그럴 것이다. 강제력이 없더라도 사회 변화를 유도할 수 있다는 것이 차별금지법의 본질적인 기능이다.

> 이미 남녀고용평등법이나 장애인차별금지법 등의 법안은 존재한다. 법학자의 시선에서, 그럼에도 차별금지법이 필요한 이유는 무엇이라 보는가?

우선 지금 논의하는 차별금지법은 '포괄적 차별금지법'을 말한다. 포괄적 차별금지법은 차별을 금지하는 법 중에서도 가장 상위에 놓이는 일반법으로서, 일종의 우산 역할을 한다. 일반법도 필요하고, 구체적인 영역에서 차별을 금지하는 법도 필요하다.

> 개별 입법을 정말 촘촘하게 할 수도 있지 않을까?

굉장히 비효율적인 방식이다. 포괄적 차별금지법은 네 개 영역에서 20여 개의 사유로 발생하는 차별을 규율한다. 개별 영역과 사유에 따라 각각 개별법을 만든다면 산술적으로 80개이상의 법률이 필요하다. 포괄적 차별금지법을 두고, 개별 사유와 영역에서 특별히 규율이 필요한 경우 개별적인 차별금지법을 두어 보완하는 방식이 바람직하다고 본다. 즉, 포괄적차별금지법과 개별적 차별금지법은 둘 다 필요한 법이다.

최근 용혜인 의원과 정의당은 기존 혼인 제도에서 벗어나 새로운 가족을 꾸릴 수 있게 하는 '생활동반자법'을 발의하기도 했다.[2]

생활동반자법에도 차별 금지의 이념이 담겨 있다. 하지만 차별금지법이 있더라도 생활동반자법의 내용을 포괄하진 못한다. 생활 동반자에 관련한 법제는 고유한 세부 내용이 있어 별도의 법제가 필요하다. 이런 식으로 차별금지법의 이념에 따라 개별 법률이 더 필요할 수 있다.

최근에 한국 사회에서 심각하게 본 차별 사례가 있는지궁금하다.

불과 몇 년 전 일이다. 일부 금융 기관과 공공 기관 채용 과정에서 드러난 성차별 사건이 충격적이었다. 고위 임원들이 직접 관여해서 여성 지원자의 점수를 일률적으로 감점한 사건이었다. 교묘하게 한 것도 아니고, 증거를 은닉한 것도 아니고, 그냥 대놓고 벌인 일이다. 다행인지 불행인지 관련 자료들이 고스란히 남아 있었다. 금융·공공 기관의 임원이라면 한국의 엘리트 집단 아닌가. 그들의 '차별'에 대한 인식이 겨우 이정도 수준이었던 것이다. 그동안 한국 사회가 크게 발전해 왔지만, 차별에 관한 한 여전히 갈 길이 멀다고 생각하게 됐다.

그 정도는 경영진의 자유 아니냐는 반응도 있었다. 노키즈존 논란도 떠오른다. 사업장에서 손님을 막는 것은 운영자 개인의 권리라는 주장은 어떻게 보는가?

아카데미 작품상을 받은 영화 〈그린 북 Green Book〉(2018)에는 흑인이 들어갈 수 없는 음식점과 호텔이 나온다. 세계적인 피아니스트조차도 흑인이라는 이유로 출입을 제지당하는 것을 보며 다들 분노하게 된다. 그런데 영화에서 차별이 벌어지는 곳은 공공 기관이 아니다. 사업자가 사적으로 운영하는 곳들이다. 개인 사업장이라고 해서 운영자 마음대로 차별할 수 있는 것은 결코 아니다. 영화를 보며 공감했다는 것은 우리는 이미 그런 감수성을 가지고 있다는 얘기다.

분야에 따라 손님을 구분해서 받을 수 있지 않을까?

가능하다. 하지만 합리적 이유 없이 자의적으로 특정 연령이나 성별을 가진 사람들을 배제해선 안 된다. 그런 점에서 노키즈존이 합당한 이유로 운영되고 있는지 의문이다. 거의 동일한 형태의 영업을 하는 두 카페가 있다. 한쪽은 아이를 받으면 영업에 중대한 방해가 된다며 노키즈존으로 운영되고 있다. 그런데 다른 한쪽은 노키즈존이 아닌데도 문제없이 영업하고 있다. 그렇다면 '아이가 영업에 중대한 방해가 된다는 것'이 합당한 이유라고 볼 수 있을까? 손님 입장에서는 어느 카페가 노키즈존으로 운영되는지 짐작할 수 없고, 왜 그런 방침을 두는지 알기도 어렵다. 그래서 매번 카페에 방문할 때마다 노키즈존 팻말이 붙어 있는지 살펴야 하고, 예약할 때는 아이를 받아 주는지 확인하는 불편을 감수해야 한다. 때에 따라 모욕적이고 굴욕적으로 느껴질 수도 있다. 이런 상황에서 사업장이 공공시설인지 개인 사업장인지는 중요한 요소가 아니다. 차별을 당하는 입장에서는 공공 기관이건 사적 기관이건 다 똑같이 부당하게 느껴질 것이다.

더 성숙한 민주주의 국가로

냉정하게 보아, 차별금지법이 이번 국회 회기 내에 통과될 가능성이 있을까?

현실적으로 보아 쉽지는 않다. 정치 일정상 2024년에는 총선이 있다. 선거 국면으로 접어들면 차별금지법 통과는 뒷순위로 밀려날 가능성이 크다. 총선 다음엔 지방 선거와 대통령 선거가 다가온다. 2021~2022년에 결단을 내렸어야 했다. 현실적으로는 그렇지만, 정치는 생물이라고 하지 않나. 계기가 생긴다면, 적극적인 의지만 있다면 아예 가능성이 없는 건 아니다. 실제로 역사를 더듬어 보면, 전혀 예상하지 못했던 계기를 만나 극적으로 법안이 통과된 사례도 적지 않았다. 입법 가능성은 언제나 있다. 민주당이나 정의당 등에는 차별금지법의 필요성에 등장하는 의원들이 충분히 많다.

일본은 G7을 앞두고 차별금지법 제정을 논의했다. 현재 다른 선진국들의 상황은 어떠한가?

차별금지법을 입법할 것인지는 이미 논점이 아니다. 주요 국가들에는 이미 차별금지법이 제정돼 있다. 요즘은 '법으로 해결하기 어려운 문제를 어떻게 다룰 것인가'가 주로 논의된다. 가령 양육 분담에 있어, 형식적으로는 성차별이 철폐됐다고 하더라도 현실에서는 여성에게 더 많은 부담이 전가되는 경향이 있다. 적극적인 차별 상황은 아니지만, 결과적으로 여성이 차별받게 되고 각종 정치, 사회 영역에서 과소 대표되는 결과로 이어진다. 미국·유럽에서는 비백인들이 백인 남성 주류 문화에서 소외되며 승진 등에서 사실상 불이익을 겪는 사례가 보고되고 있다. '미세 차별microaggression' 문제가 대두되기도 한다. 명시적이고 직접적인 차별은 아니지만, 당사자의 고통과 불이익은 상당하다. 기존 법리로 포착해 내기 어려운 문제들이다. 한국 정도의 국가라면 이런 문제를 논의해야 하는 것 아닐까? 그런데 우리는 직접적이고 노골적인 차별을 대상으로 하는 차별금지법 하나 제정하지 못하고 있다. 안타까움을 넘어 부끄러운 일이 아닐 수 없다.

차별금지법이 있는 대한민국은 어떤 모습일까?

더 성숙한 민주주의 국가, 성숙한 인권 국가가 될 것이다. 인권 문제는 나라가 발전함에 따라 진화한다. 과거에 인권을 침해하는 것은 국가였다. 고문이나 강제 구금, 표현의 자유나 정치적 참여를 제한하는 식으로. 이런 부분에서 우리는 괄목할 만한 성장을 이뤄냈다. 그다음 단계에서 가장 중요한 가치로 나는 평등과 차별 금지를 꼽는다. 우리가 지금까지 발전시켜 왔던 인권과 민주주의를 한 단계 더 성숙한 방향으로 발전시키기 위해서다. 차별금지법은 한국 인권과 민주주의 발전의 시금석이다.

차별금지법이 지향하는 궁극적인 가치는 무엇인가?

내가 어떤 상태에 놓여 있건 차별받지 않고 사회에 참여할 수 있고, 국가가 이것을 보장해 주고 있다는 '확신'을 주는 것이다. 우리는 학교에 가서 공부할 수도 있고, 회사에 취업할 수도, 모임에 참여하고 정치를 할 수도 있다. 이 모든 것들이 사회에 참여하는 것이다. 그런데 어떤 사람들은 이러한 사회 참여 과정에서 불이익이나 어려움을 겪는다. 장애가 있어서, 성적 지향 때문에, 인종이 다르거나 여성이어서, 혹은 나이가 많아서 참여를 주저하게 되거나 실질적으로 불이익을 겪는다면, 사회 참여 권리가 제약되는 것이다. 사회에 참여할 권리가 제약된다면 다른 모든 종류의 권리에 중대한 영향을 미치게 된다. 차별금지법은 이러한 차별을 금지하는 법이다. 그리고 당신이 어떤 속성을 가지고 있건 간에, 지위가 무엇이건 간에 그 사회에 평등하게 참여할 수 있는 권리를 보장하는 법이다.

우리는 그런 사회를 만들어야 한다.

　　결국 차별금지법의 당사자는 사회 전체다. 대중의 역할
을 어떻게 보는가?

차별금지법은 그 자체로 최종 목표가 아니다. 실제로 차별은
법률 하나로 완전히 제거되지 않는다. 사회 구성원의 인식이
바뀌어야 하고, 사회와 문화가 근본적으로 바뀌어야 한다. 차
별금지법은 하나의 계기를 제공할 뿐이다. 차별 없는 세상으
로 나아가는 것은 결국 우리 모두의 인식과 행동에 달려 있다.

법이 할 수 있는 일

법의 역할을 진지하게 논하는 것은 법철학의 영역이지만, 누
구나 때때로 법에 대해 생각한다. 금연 구역에서 담배 피우다
가 범칙금 10만 원을 낼 때, 업무와 관련하여 바뀐 법을 공부
해야만 할 때, 청탁금지법(일명 김영란법)으로 인해 3만 원이
넘어가는 식사를 할 수 없을 때 법은 직접적으로 내 생활 안
에 들어온다. 뉴스 보며 분노할 때와는 다른 차원으로 법이 피
부에 와 닿는다.

　　우리 행동에 한계를 규정하는 법은, 그래서 무언가를 금
지하기 위해 존재한다고 오해받기 쉽다. 차별금지법에서 '금

지'라는 단어를 마주할 때 발생하는 오해는 이런 종류다. 차별 금지법이 제정되면 아무 말도 할 수 없게 된다거나, 많은 기업이 처벌받아 경제가 무너질 거라는 오해는 인터넷 커뮤니티와 반대 진영의 인터뷰에서 쉽게 만나볼 수 있다. 그러나 차별금지법은 누군가를 처벌하기 위한 법이 아니다.

차별금지법에 대해서는 모두가 잘 알면서, 동시에 모두가 잘 모르고 있다. 차별금지법은 차별을 금지하는 데서 그치지 않고 더 복잡한 논의를 품고 있다. 21대 국회 들어 가장 먼저 발의된 장혜영 의원의 차별금지법안은 차별의 이유로 '성별, 장애, 나이, 언어, 출신 국가, 출신 민족, 인종, 국적, 피부색, 출신 지역, 용모 등 신체 조건, 혼인 여부, 임신 또는 출산, 가족 및 가구의 형태와 상황, 종교, 사상 또는 정치적 의견, 형의 효력이 실효된 전과, 성적 지향, 성별 정체성, 학력學歷, 고용 형태, 병력 또는 건강 상태, 사회적 신분 등'을 든다. 이러한 기준은 충분한가. 부당한 차별 행동은 무엇이고 차별을 없애는 데 법은 어떤 역할을 할 수 있을 것인가. 질문이 이어진다.

그 질문의 끝에서 나왔던 물음은 '차별금지법의 궁극적 가치는 무엇인가?'였다. 홍성수 교수는 "확신"이라고 답했다. 차별금지법은 "당신이 어떤 속성을 가졌건, 지위가 무엇이건 간에 사회에 평등하게 참여할 수 있는 권리를 보장"한다. 무언가를 금지하는 데서 그치지 않고, 오히려 부당한 이유로 차별받던 사람에게 더욱 자유롭게 행동할 수 있는 권리를 선사한다. 학교에서, 회사에서, 정치 현장에서 말하지 못하고 주저했던 누군가가 말할 수 있게 될 때 우리 사회의 민주주의는 더 다양한 목소리를 담으며 한 발 나아갈 수 있다.

개인은 각자의 개성과 인격을 가진 개별적인 존재다. 하지만 그에게 내재한 개별성만으로 한 사람을 설명하기에는 부족하다. 독일 출신의 철학자 한나 아렌트Hannah Arendt는 《인간의 조건The Human Condition》에서 개인의 '누구임'은 자신의 내재적인 특성을 넘어 그가 사회에 참여할 때 드러난다고 말한다. 타인에게 자신을 드러내고 공적 공간에서 말과 행위를 통해 활동할 때 진정으로 한 인간은 그 자신을 드러낸다. 여기서 전제는 공적 영역이 그의 활동을 보장하는 것이다. 차별금지법이 필요하다고 주장해 온 사람들은 20년 가까이, 그러니까 한 사람이 아이에서 성인으로 성장할 시간 동안 이것을 외쳐왔다. 이 주장에 도장을 찍어 기어코 공식화할 주체는 입법자로서 기능 부전에 빠져 있는 국회다. 너무 오래 끌어온 싸움의 끝을, 이제는 봐야 한다.

글 백승민 에디터

김동춘은 사회학자다. 성공회대학교 교수로 재직 중이다. 1기 진실·화해를 위한 과거사 정리 위원회 상임위원을 지냈고 탈진실과 분열의 시대 위 비판적 지성으로서 다양한 연구 활동을 하고 있다. 대표작《전쟁과 사회》(2000)는 프랑크푸르트 국제 도서전에서 '한국의 책 100권' 중 하나로 선정됐다. 진화위 활동을 담은《이것은 기억과의 전쟁이다》(2013) 등 수많은 책을 펴냈다.

4 김동춘 사회학자 ; 한국은
아직도 '여순 체제'다

모든 경계에는 꽃이 핀다. 함민복 시인의 말이다. 사회는 갈등으로 화합을 피우며 성장한다. 그러나 한국은 오랜 시간 개화기開花期를 맞지 못했다. 오늘도 정치권에선 역사 인식이 도마 위에 오른다. 사회학자 김동춘 교수는 열매 없는 진통의 연원을 찾고자 한국 전쟁의 또 다른 기억을 추적해 왔다. 그에게 대한민국 75년은 '여순 체제'다.

1947년 3월 1일, 제주도에서 열린 삼일절 기념 행사에서 총성이 울린다. 미군정 아래 열린 해방 정국, 극심한 생활고에 더해 군정 경찰로 일제 순사가 대거 등용되며 제주 사회의 불만은 최고조에 이른다. 한반도가 제국주의에 의해 분할통치돼선 안 된다는 열망으로 열린 이 행사에서 경찰은 군중에게 총을 쐈다. 이를 시작으로 좌익 세력인 남조선로동당(남로당) 제주도당의 주도 아래 제주도 전체 직장의 95퍼센트가 참여한 대규모 민관 총파업이 이뤄진다. 그리고 1년이 지난 1948년 4월 3일, 남로당 제주도당은 무장봉기를 시작한다. 제주 4·3 사건의 시작이다.

그리고 1948년 10월 19일 여수에 주둔하던 대한민국 육군 제14연대의 좌익계 군인들 역시 반란을 일으킨다. 제주 4·3 봉기를 진압하라는 명이 내려졌기 때문이다. 10월 24일 《여수인민보》에 실린 이들의 강령은 두 가지였다. "동족상잔 결사반대", "미군 즉시 철퇴." 이들은 좌익 세력들과 합세해 여수와 순천 지역을 점령한다. 같은 해 5·10 총선거로 탄생한 이승만 정부는 반란군이 점거한 지역 일대에 계엄령을 선포하고 진압군을 파견한다. 지리산으로 입산해 빨치산이 된 반란군은 결국 진압됐지만 후폭풍은 거셌다. 전국적인 반공 색출이 시작됐기 때문이다.

2023년 2월, 태영호 당시 국민의힘 최고의원 후보는 공식 석상에서 "제주 4·3 사건이 북한 김일성 지시로 촉발됐다"고 발언했다. 유족은 또 한 번 무너졌다. 같은 해 3월 김재원 당시 국민의힘 수석 최고위원은 한 예배에 참석해 5·18 정신의 헌법 정신 수록을 반대한다며 "표를 얻으려면 조상 묘도 파는 게 정치인"이라 말했다. 왜 역사는 정치에 동원되고 현실의 이념 논쟁으로 촉발되는가. 지금 '여순 체제'를 이해하지 못하면 사회적 통합은 요원하다.

여수·순천 10·19 사건

여순 사건을 간략히 설명해 달라.

1948년 제주에서 4·3 봉기가 일어났다. 제주는 당시 대한민국 총선거 실시를 반대했고 무장대는 선거를 무산시키고자 주민들을 산으로 보냈다. 결국 투표수 과반수 미달로 제주에선 선거가 제대로 실시되지 못했다. 8월 15일 대한민국 정부가 수립됐다. 이승만 정부는 여수 지역의 14연대를 제주 봉기의 진압군으로 보내려고 했다. 14연대 좌익계 군인들은 동족을 살해할 수 없다며 반란을 일으켰다. 이들은 우익계 경찰과 가족을 살해하고 여수, 순천, 구례 지역을 점령했다. 정부는 이곳으로 진압군을 보냈다. 이 과정에서 반란군에게 협조했던 주민들을 포함한 대규모 학살이 일어난다. 이처럼 반란군과 진압군에 의한 상호 학살이 일어난 사건이다.

<u>사건 이후에도 학살이 지속된 것으로 안다.</u>

그렇다. 여순 사건은 단편적인 사건이 아니다. 반란군 진압 이후에도 1950년 한국 전쟁까지 그 지역에서 좌익 색출과 학살이 지속된다. 제주 4·3 사건도 여순 사건으로 인해 완전히 다른 사건이 된다. 정부가 1948년 11월 제주에서 '초토화 작전'을 벌이며 주민들을 향한 학살이 자행됐기 때문이다. 무수한 희생자가 발생했다.

<u>여순 사건에는 다양한 해석이 있다. 어떻게 평가하나.</u>

제주 4·3 사건과 마찬가지다. 반란, 항쟁, 학살의 측면이 모두

있다. 어느 한 가지로만 특징지어 말할 수 없다. 제주 4·3의 경우 항쟁의 측면이 강하다. 여순 사건은 그 지역 좌익의 역할이 크지 않아 항쟁이라기보단 군인들이 일으킨 반란에 가깝다. 거기에 진압 과정에서 정부군이 지역 주민을 대량 학살했으니, 반란과 학살의 측면이 공존한다고 볼 수 있다.

반란은 보통 부정적 뉘앙스로 인식된다. 여순 사건에서 군의 항명은 어떻게 봐야 하나.

반란은 부정적인 용어긴 하지만 중립적인 용어기도 하다. 토마스 홉스Thomas Hobbes는 국민의 생명을 빼앗는 권력에 대해선 국민들의 반란권이 있다고 했다. 체제에 대한 저항권의 행사로 볼 수 있다. 다만 전체주의 등 억압적인 체제에서는 국가에 대해 국민이 무조건 충성해야 한다는 전제가 있어 반란을 부정적인 용어로 보는 것이다. 국가에 대한 비판이자 저항권이라는 속성이 있지만 동시에 위험한 것이기도 하다. 국가 권력 자체를 부인하는 것이기도 하고 여순 사건의 경우 그냥 저항이 아닌 무장 저항이었기 때문이다.

이 사건을 역사의 중요한 한 장면으로 꼽은 이유는 무

엇인가.

반공주의 체제의 시발점이자 국가보안법 탄생의 배경이기 때문이다. 국가보안법이 제정되며 헌법상 양심의 자유나 국민의 기본권 조항이 국가보안법에 의해 사실상 무력화하는 현상들이 숱하게 발생했다. 국가보안법은 일제 강점기 때 있던 치안유지법을 토대로 하고 있다. 이것이 3년 만에 부활한 것이다. 일본 식민지 체제와 같은 국민 탄압이 반공주의의 이름을 쓰고 지금까지 지속됐다는 점에서 대한민국 역사의 중요한 한 장면으로 볼 수 있겠다.

국가보안법이 말하는 것

이승만 정부는 왜 국가보안법을 별도로 제정했나.

대한민국 정부가 수립된 지 두 달 만에 체제를 부정하는 반란이 일어나니 이승만 정부는 패닉에 빠졌다. 처음엔 내란 행위 특별법을 만들어 내부 좌익들을 진압하려 했다. 그러나 이로는 부족하다는 판단이 섰다. 당시에도 내란죄나 형법은 있었으나 이를 상회하는 별도의 특별 형법인 국가보안법을 제정해야겠다고 결심한 것이다. 1948년 12월 1일 국가보안법이 국회에서 통과됐고 지금까지 유지되고 있다.

국가보안법은 한국 사회의 진통 중 하나였다. 국가보안법에 제기되는 문제 중 핵심은 무어라 생각하나?

국가보안법은 외적에 대한 방어를 위한 것이 아닌 국내의 체제 반대 세력을 통제하기 위한 법이다. 즉, 포커스가 국민에 맞춰져 있다. 정치적 통제는 각종 내란죄에 대한 처벌 조항으로 모두 처벌이 되는데 이 법이 왜 필요할까? 국가보안법의 핵심은 고무 찬양 조항으로 불리는 제7조다. 이 조항에 따르면 특정한 정치적 생각을 가지고 있는 것도 통제의 대상이 된다. 이게 국가보안법의 대표적인 문제다.

제7조가 말하는 내용이 국가보안법 전체를 관통하는 아이디어라 보나.

그렇다. 사상에 따른 정치적 행위에 대한 통제가 아니라, 행동을 일으킬 위험성이 있거나 그런 생각을 품고 있거나 그런 사람들끼리 모이는 걸 통제한다는 게 국가보안법의 핵심 내용이다. 일제 강점기 때의 치안유지법과 같은 사상 통제법적 성격을 가졌다. 서적의 출판이나 독서도 처벌이 된다. 이는 근대

형법의 원칙과도 배치된다. 근대 형법은 분명히 행동에 대한 통제인데 국가보안법은 행동하지 않는 것, 이를테면 소설도 통제의 대상이 된다는 게 포인트다.

근대법과 배치되는 또 다른 지점이 있나?

법의 적용 역시 근대법의 성격과 배치된다. 법은 모든 사람에게 공평하게 적용돼야 하는데 특정 인물에게만 적용된 사례들이 있다. 예를 들어 전 현대그룹 명예 회장이던 정주영 씨는 1998년 소 떼 1001마리를 몰고 판문점을 넘었다. 그러나 국가보안법 적용을 받지 않았다. 반면 문익환 목사는 1989년 북한의 초청으로 방북한 일 때문에 국가보안법 위반으로 구속됐다. 전근대적인 법의 성격을 가지고 있다고 볼 수 있다.

국가보안법은 우리나라를 어떻게 바꿨나?

기본적으로 진보 정당의 등장을 막았다. 이게 가장 결정적이다. 그런데 여기서 진보라고 함은 사회주의나 민족주의까지 포함한다. 예를 들면 1950년대에 활동했던 조봉암 선생의 경우 평화 통일론을 주창했지만 사형당했다. 국가의 기본적인 공식 이념인 반공주의를 위협하는 것은 모두 통제 대상이 됐기 때문에 사회주의 정당은 물론이고 진보 정당, 노동 운동, 또 여타 진보적인 사상이나 학문이 등장하는 걸 차단하는 정치적 효과가 발휘됐다. 그러나 이보다 더 큰 문제는 개인들에게서 나타났다.

국가보안법으로 구속되거나 탄압당한 사람들 말인가?

국가보안법의 적용을 받은 사람들은 소수다. 그보다 대다수 국민들이 국가보안법의 존재로 인해 자기 검열을 하고 말을 조심하기 시작했다. 이게 더 심대한 영향일 수도 있다. 국가보안법은 국정원의 존립 근거이기도 하다. 국정원은 국가보안법 위반자에 대한 수사권을 가지고 있다. 그 때문에 국가보안법과 관련한 사건을 만들면 검찰과 국정원의 먹거리가 생긴다. 그냥 지나갈 수도 있는 사건을 굳이 만들어 내게 되는 것이다.

한국 사회가 아직 '여순 체제'에 머무르고 있다는 것은 어떤 의미인가.

남북한은 휴전 중으로 아직 전쟁 상태다. 그런데 한국 전쟁은 1950년에 일어났고 여순 사건과 국가보안법 제정은 그 전에 이뤄졌다. 이 때문에 한국은 크게 보면 헌법보다 국가보안법이 상위 입법이라 볼 수 있다. 이를 '실질 헌법'이라 부른다. 이렇게 실질 헌법으로서 국가보안법이 존재하기 때문에 대한민국이라는 국가의 성격이 헌법의 규율을 받는 게 아닌 국가보안법의 규율을 받는다는 의미에서 나온 말이다. 나뿐만 아니라 여러 법학자나 역사학자들이 이미 했던 얘기다.

한국 이념 논쟁의 문제

본 사건의 배경이 된 제주 4·3 사건이 최근 정치권에서 뜨거웠다. 이 현상을 어떻게 지켜봤는지?

5·18과 마찬가지다. 앞서 제주 4·3 사건이나 여순 사건은 다양한 측면이 있다고 했다. 그런데 일종의 국가 권력, 즉 경찰이나 군인에 의한 학살의 측면은 국가가 인정하기 싫은 거다. 여기서 국가란 보수 세력이 되겠다. 계속 피하거나 무시하거나 혐오 발언을 하거나 심지어 이북의 군인들이 내려와 학살했다거나 거짓말을 일삼게 되는 것이다. 국가의 잘못을 인정하면 문제가 해결되는데 이를 인정하기 싫으니 '반란'의 면모를 자꾸 부각한다. 아까 말했듯 반란의 측면은 분명히 있다. 그러나 이것이 학살을 부정하고자 제시된다는 게 문제다.

왜 인정하기 싫을까? 지금은 이승만 정부도 아닌데.

한국의 공안 기관이나 군·경찰·검찰의 최대 약점이자 아킬레스건이기 때문이다.

역사적 사건이 현대에 와서도 계속해 이념 논쟁이 되는 이유는 무엇이라고 보나?

이념 논쟁은 얼마든지 있을 수 있고, 있어야 한다. 그 자체는 문제가 아니다. 단지 이념 논쟁보다 정책 논쟁으로 가야 하는데 복지를 이야기해도 사회주의라고 공격하는 게 문제다. 조그마한 사회 문제나 정책 이슈도 전부 이념으로 몰아가는 것이다. 여기에 역사적 사건이 동원되고 이념 논쟁의 딱지가 붙는다.

한국의 이념 논쟁에서 우려되는 지점은 무엇인가.

이념 논쟁에 터부를 둔다는 점이다. 이념 논쟁이 자꾸 화두에 오르는 이유엔 국민들은 이념을 가지면 안 된다는 전제가 깔려 있다. 국민은 국가에 무조건 충성해야 한다는 생각이 저변에 있는 것이다. 이걸 비판하면 흔히 말하는 좌익의 낙인이 찍

흰다. 그리고 이런 종류의 비판은 다소 일방적이다. 좌익이 반대로 우익에게 '우익이다, 파시스트다'라고 하는 경우는 훨씬 드물다. 독일에선 파시스트라고 하면 굉장한 욕이고 명예 훼손이다. 우리나라에서도 쉽게 꺼내기 어려운 말이다. 이 때문에 비난이 쉽게 한쪽으로 흐르는 것이다.

말은 대중들의 생각도 지배한다. 이런 구조를 만드는 것은 정치권인가.

그렇다. 기본적으로 정치권이 만든다고 봐야 한다. 언론은 거기에 따라가는 것이다.

역사적 사건이 희생자의 아픔을 치유하고, 이념 논쟁을 넘어서기 위해선 무엇이 가장 중요한가?

원리는 같다. 표준적으로 통일돼 이미 정리가 끝났다. 예를 들면 가해자의 사과, 그다음엔 진실 규명과 피해자에 대한 보상, 이후에는 기념과 추모, 마지막은 국민 교육이라 할 수 있다. 보편적인 단계이고 수순이다.

이 중 가장 안 이루어지고 있는 게 무엇인가?

가해자의 사과다. 진실 규명은 부분적으로 이뤄졌다. 물론 100
퍼센트 이뤄진 건 아니다. 예를 들어 한국 전쟁 당시 학살의 최
종 명령자가 누구인지는 아직도 밝혀지지 않았다. 5·18의 경
우도 그렇다. 군인이 했다는 것은 밝혀졌지만 그 단추를 누가
눌렀는지는 밝혀지지 않은 상태다. 사과도 부분적으론 이뤄
졌다. 예를 들면 국가를 대표해 노무현, 문재인 대통령 등의
사과가 있었다. 그러나 사건의 이해 당사자인 군, 그러니까 국
방부 장관이나 당시 가해 군인 중 사격을 명령한 자들은 사과
한 적이 없다.

> 사건을 기억하고 기념, 추모할 때 발목을 잡는 것이 지
> 역주의 같다. 당시 이승만 정부가 이를 지역의 문제로
> 축소하려 했다는 의혹이 있는데 어떻게 보나.

광주 5·18도 그렇고 여순 사건도 그렇고, 해당 지역의 사람들
은 이 사건들로 인해 명예가 훼손됐다고 생각하고 있다. 자신
들이 반란을 일으킨 것도 아니고 거기 주둔한 군인들이 반란
을 일으킨 것인데 마치 여수, 순천 사람들은 다 반란에 동조한
사람인 것처럼 주홍 글씨가 새겨졌기 때문이다. 이들 사건은

당시 정부의 정당성이 취약해 발생한 것이다. 여순 사건의 경우 이승만 정부, 5·18의 경우 전두환 정부다. 본질이 그러함에도 이것을 국민적 항의가 아닌 그쪽 지역 사람들이 특별히 반골 기질이 있어서 그렇다는 식으로 몰아갔다.

제주 4·3도 마찬가지 아닌가. 당시 '빨갱이 섬'으로 몰리기도 했는데.

그렇다. 일종의 희생양 만들기다. 당시 5·10 선거를 거부했던 곳은 제주뿐만이 아니다. 경찰이 강압적으로 사람들을 일일이 투표장으로 보내고 투표하지 않는 자들을 감시하지 않았더라면 선거가 이뤄지지 않았을 지역이 다수 있었다. 남한만의 단독 정부 수립에 대해 문제의식을 느끼고 있던 건 좌익뿐만이 아니다. 일반 대중들 사이에서도 선거가 그대로 진행되면 분단이 영구화된다는 인식이 많았다. 5·10 선거의 정당성이 약했던 이유다. 폭력을 동원해 선거를 진행했지만, 제주도에서는 그것이 이뤄지지 않았던 것에 불과하다.

지역의 특수성이 일부 반영된 경우도 있을까?

5·18의 경우 DJ(김대중 전 대통령)라는 상징에 대한 광주 사람

들의 지역 의식이 있었다고 볼 수는 있다. 그가 구금되면서 지역적으로 소외 의식이 작용한 측면도 있을 것이다. 그러나 당시 정부가 전두환 정권의 집권에 반대하는 것을 오로지 호남의 문제로만 국한해 이들을 희생양으로 삼은 것 역시 사실이다. 여기에 영남을 포섭해 호남을 정치적으로 고립시켰다.

여순을 포함해 일련의 사건들이 지역주의의 뿌리라 볼 수 있겠다.

그렇다. 국가가 이를 지역의 문제로 호도하고 다른 지역 사람들을 포섭하는 과정 중 탄생한 일종의 '디바이드 앤 룰Divide and Rule'이다.

탈진실의 시대를 경계하라

강제 징용 문제 등 여러 문제가 급히 일단락되고 있다. 생존자는 점점 줄어든다. 당시의 피해자들이 모두 세상을 떠나면 우리 사회는 반목을 멈추나?

그걸 기다리는 이들이 있다. 일본이다. 모두가 사망하면 요즘 자주 이야기되는 '탈진실post-truth의 시대'가 열린다. 당사자의 증언이 없으면 무엇이 진실인지에 대한 문제가 목소리 큰 사람이 이기는 식으로 변한다. 그러나 생존자가 모두 세상을 떠나도 진실을 향한 싸움이 멈추는 일은 없을 것이다. 생존자의 2대, 3대 자손들이 있고 그들의 아픔은 시대가 지난다고 해서 쉬이 풀리지 않을 거다. 사회적으로 아무리 은폐해도 진실이 뒤집히진 않는다. 비록 목격자나 경험자가 아니라고 해도 피해에 관한 주장은 계속될 수 있다.

당사자성을 갖춘 후손들이 대를 잇더라도 이것이 자꾸 지역 혹은 일부 당사자만의 이야기로 축소되면 대중들도 이 사건을 기억할 명분이 사라지지 않을까?

그럴 위험성이 있다. 조금 다른 얘기지만, 20세기의 최대 학살 사건으로 꼽히는 게 1915년의 아르메니아 학살이다. 튀르키예가 아르메니아 소수 민족 수십만 명을 학살한 사건인데 이 사건의 경우 사람들이 완전히 흩어져 그곳에 살지 않고 당시 그 지역 민족의 역사도 완전히 지워졌다. 한 세기, 두 세기 지나 들춰지기도 하지만 기억하고 보존할 역사의 당사자가 부재하니 튀르키예 사람은 물론이고 전 세계 사람들이 이를 모르고 지나가게 됐다.

2기 진화위가 2020년에 출범했다. 골든타임을 놓쳐선 안 되겠다. 1기 진화위 활동을 하며 겪은 어려움을 말해 달라.

크게 보면 법적인 한계가 있다. 진화위는 진실·화해를 위한 과거사정리 기본법에 근거한다. 근데 이 법이 가해자를 조사하기 어렵게 돼 있다. 여기서 가해자란 군, 경찰, 국정원 등인데 이들의 자료를 강제로 수사할 수 있는 수사권이 없다. 조사권뿐이다. 그들이 자료가 없다고 오리발을 내밀면 조사가 불가하다. 가해자가 생존해 있더라도 강제로 구인할 수도 없다. 법정에 출두하지 않을 경우 벌금형 정도밖에 안 된다. 이게 제일 큰 문제다. 그밖에 사회적 관심이 점점 떨어진 점, 시간이 너무 많이 지나 가해자든 생존자든 대부분 사망한 점도 한계였다.

진화위 활동을 담은《이것은 기억과의 전쟁이다》를 출간한 지 10년이 지났다. 그간 우리 사회는 역사적 아픔을 어떻게 대해 왔다고 생각하나.

별로 긍정적 방향으로 대해 오지 못한 것 같다. 2기 진화위가 만들어지긴 했지만 이미 1기로부터 십수 년이 지난 뒤에 구성돼 추가적인 진실 규명을 하기엔 더 어려운 조건에 놓였다. 초기에 진실 규명을 요구했던 유족들도 대부분 사망하거나 활동하지 않아 시민 사회의, 밑으로부터의 목소리도 굉장히 약해졌다. 개인적으론 노무현 정부 이후 우리 사회가 많이 후퇴했다고 본다.

어떤 점에서 그런가?

후퇴의 징후는 여러 가지다. 일단 신자유주의적 흐름 때문에 사회가 많이 파편화되고 양극화됐다. 가장 중요한 것은 청년들이 보수화됐다는 점이다. 이러한 퇴행이 결국은 진화위 등 여러 활동에 있어 부정적 결과를 가져올 수밖에 없는 사회 분위기를 만들었다고 본다.

진실 규명 활동에 제동을 거는 사회 분위기란 무엇을 뜻하나?

일련의 활동이 지속은 됐지만 대체로 제도화됐다. 각종 기구의 설립 등은 긍정적이나 이것이 관료들이나 일부 유족의 먹거리 사업이라든지 보상의 문제로 굳어지니 일반 시민 사회로부터는 점점 괴리가 일어난 것이다. 이러한 이권 사업화 역시 퇴행의 징후라 볼 수 있다. 세월호도 그렇고 이태원 참사도 마찬가지다. 유족들은 처음엔 진상 규명을 외친다. 정부는 돈 다발을 흔들며 다가온다. 돈으로 보상해 일부 유족들을 입막음하면 이를 거부하는 소수의 유족들은 점차 사회적으로 고립된다. 반복되는 문제다.

정치인이나 역사가가 아닌 일반 대중들, 특히 청년들의 과제는 무엇인가?

젊은 세대들에게 이미 역사화된 이 오랜 일들을 알아야 한다고 하는 건 꼰대 같은 소리다. 알면 좋지만 이미 시간이 많이 지났다. 모든 국민이 알아야 한다고 말할 순 없다. 그러나 현재의 문제와 과거의 문제를 연결 지어 생각할 수 있는 시민 교육이 필요한 시점이다. 이것이 잘 이뤄지지 않으니 지금 진행되고 있는 여러 부정부패와 권력 남용, 검찰권 행사 등의 뿌리를 모르는 거다. 사실은 모두 과거의 문제와 연결된 것들이다. 흔히 '검찰권 남용은 문제다'라고 하지만 이것이 어디서 왔는지에 대한 감각이 없으면 허사다. 왜 문제인지를 이해하는 게 중요하다.

국가가 지난날 그릇된 방향으로 공권력을 행사한 것의

연장이라 보는가.

그것을 판단하는 게 시민들의 몫이다. 과거의 공권력이 어떻게 대중을 탄압했고 어떤 식으로 책임지지 않았는지를 알아야 지금의 문제를 판단할 수 있는 능력이 생긴다. 시민으로서 그런 부분을 알지 못하면 자신이 언제든 희생자가 될 수 있다. 이태원 참사나 세월호 참사를 보자. 이들은 권력에 저항한 자들도 아니다. 이들의 죽음은 왜 어이없는 죽음이어야 하는가. 과거를 모르면 그 이유를 모르고 지나가게 된다. 70년 전부터 책임 회피는 계속돼 왔다. 그렇기에 역사 교육, 시민 교육, 그리고 미디어의 역할이 중요한 거다.

다크 투어리즘Dark Tourism에 대한 의견도 궁금하다. 우리는 어떻게 사실을 파악하고, 어떻게 기억해야 하는가?

학교에서 배운 공식적 역사가 아닌 이면의 역사를 이해하려고 하는 시도라는 점에서 바람직하다고 생각한다. 투어를 통해 생생한 현장을 찾아가 보면 배울 수 있는 점도 많다. 다만 투어에서 끝나기보다 투어를 통해 추가적인 학습과 연결이 되면 좋겠다. 전체적인 역사를 볼 수 있는 시야와 체계가 잡힐 테니 말이다.

디지털 매카시즘

김동춘 교수와의 인터뷰는 하나의 '재확인'이었다. 소통과 대화보다 법의 잣대가 먼저 들이밀어지는 행태의 근원은 여전히 그곳에 있었다. 청년 세대는 이 기묘한 불통과 압제를 냉소하면서도 그 뿌리에 대해선 잘 알지 못한다. 같은 청년 세대로서, 이는 청년 세대의 문제가 아닌 교육 부재와 정쟁의 산물임을 재확인했다. 여순 사건은 돌아보는 것은 그래서 중요하다. 누군가는 이미 잘 아는 사건이지만 누군가에겐 여전히 이름도 들어본 적 없는 낡은 일이기 때문이다.

지난 5월 25일 금융통화위원회 기자 간담회에서 이창용 한국은행 총재가 한 작심 발언이 화제였다. 그는 연금, 노동, 교육 개혁 등 우리 사회의 대표적 과제들을 폭넓게 언급하며 다음과 같이 일갈했다. "몰라서 개혁 못 하는 게 아니다, 아는데 사회적 합의가 안 돼서 못 한다." 통화 정책의 원론으로서 구조 개혁의 중요성을 강조하려다 나온 말이 큰 공감과 반향을 일으켰다. 통렬한 말이다. 공감의 저변엔 지금 한국의 미래를 좌우할 열쇠가 사회 갈등의 극복이라는 인식이 있다. 반향의 배경엔, 그럼에도 사회적 합의가 지금 한국 사회에서 얼마나 도달키 어려운 목표인지에 대한 탄식이 있다. 이 두 가지를 축약하면 형용 모순에 가까운 현실이 드러난다. 지금 대한민국엔 '사회적 합의가 어렵다는 사회적 동의가 있다.'

쿠키뉴스와 한길리서치가 지난 3월 실시한 여론 조사에 따르면 국민 90.8퍼센트가 우리 사회의 갈등이 '심각하다'고 답했다. 집시법을 둘러싸고 노사정은 갈등하고 여소야대 국면에서 윤석열 대통령은 집권 2년도 안 돼 두 개의 법안에 거부권을 행사했다. 사회 곳곳의 파열음은 한국 사회가 금방이라도 무너질 듯한 소리를 낸다. 새로운 정권이 등장할 때마다 '통합'을 과제로 내세우지만, 모두가 제대로 된 계기를 만들지 못했다. 갈등의 뿌리가 깊기 때문이다. 정치의 본질이 갈등 조정이자 타협이라는 점을 감안하면 한국엔 오랫동안 정치가 실종된 셈이다.

고려대학교 박길성 교수는 저서 《사회는 갈등을 만들고 갈등은 사회를 만든다》에서 한국 사회의 갈등 지형을 복합, 복잡, 압축 갈등으로 표현한다. 동시대 현상으로 보기 어려울 정도로 다양한 형태의 갈등이 동시다발적으로 표출된다는 점에서 복합 갈등이고, 갈등을 만들어 내는 축이 다층적으로 중첩돼 있으니 복잡 갈등이며, 갈등의 형성이 응축적으로 진행됐다는 점에서 압축 갈등이라는 것이다.[3] 해결이 어려운 것이 당연해 보인다.

그러나 그 원인을 추적해 보면 더 큰 문제가 발견된다. 한국 사회가 쏟아내는 갈등의 근원엔 분단과 대결의 역사가 있다. 이 때문에 다양한 축의 갈등은 쉽게 이념 대결로 변질한다. 물론 김동춘 교수의 말처럼 이념 논쟁은 얼마든 있을 수 있다. 그런데 한국에서는 이 논쟁에서 해결의 실마리를 찾는 게 너 어렵다. 박길성 교수는 그 이유로 갈등의 형성 과정을 제시한다. 이념의 향방에 따른 정책의 차이가 아닌 국가 정체성에 대한 다른 입장에서 이념 갈등이 비롯된다는 것이다.[4] 흔히 한국의 이념 갈등을 두고 나라가 둘로 쪼개졌다는 표현이 쓰이곤 하는데 아주 틀린 수사가 아닌 셈이다. 다시 이창용 총재의 발언으로 돌아가 보면, 우리가 사회적 합의를 이루는 길은 국가 정체성에 대한 간주관성intersubjectivity의 간극을 메우는 것과 무관치 않음을 알 수 있다. 간주관성이란 공동체적 자아, 공유적 이해, 합의된 객관성 등을 의미하는 다학문적 용어다.

한국 전쟁은 북한의 기습 남침에도 불구, 결국 소련과 중국의 힘을 업은 공산주의의 적화 야욕을 한국과 연합군이 패퇴시킨 명예로운 전쟁이다. 그러나 누군가의 기억 속 한국 전쟁은 국가 폭력의 온상이다. 제주 4·3 사건부터 여순 사건, 거창 사건, 노근리 사건, 국민 보도 연맹 사건 등 국가가 저지른 학살은 감춰졌고 국가는 그 정당성의 수호를 위해 지속적으로 적을 만들어 냈다. 상술한 박길성 교수의 책이 출간된 2013년, 김동춘 교수는 저서《이것은 기억과의 전쟁이다》를 출간해 이 문제를 다뤘다. 공식적 역사가 아닌 학살의 기억에서 다시 쓴 그의 기록은 고루하게만 보였던 '과거 청산'이 왜 우리 사회의 선결 과제인지를 깨닫게 한다.

그는 전쟁과 학살이 우리 사회에서 '죄와 책임'의 문제, 사법 정의와 도덕 질서를 완전히 뒤헝클어 놓아, 전쟁의 논리가 일상의 사회적 유대를 완전히 파괴했으며 이것이 지금까지 진행되고 있다고 말한다.[5] 인터뷰에서 지적한 것과 연결된다. 국민은 국가를 거스르면 안 된다는 생각의 뿌리가 일련의 은폐된 역사에 있는 것이다. 이를 최대한 중립적으로 정리하자면, 서로 다른 기억 속에서 다르게 형성된 국가 정체성 탓에 서로가 생각하는 정당성의 대립이 발생한다고 볼 수 있다. 연일 논란이 되는 노동계의 집회에 있어 정부 여당과 노동 운동계가 극한 대치하는 것에도 상호 인식의 차이가 있다. 한쪽은 법과 질서의 수호를 강조하며 다른 생각을 갖는 것을 근본적으로 불순하게 보지만, 다른 한쪽은 이것이 민주화 이후에도 자행되는 부드러운 국가 폭력의 연장선으로 본다. 전제가 이러한데 타협이 이뤄질 리 만무하다.

김동춘 교수는 국가 정체성이자 사회 질서, 법과 도덕의 기본으로 '기억의 정치'를 강조하면서도 이러한 과거 청산의 어려움을 "국가를 만드는 일과 맞먹는다"고 표현한다.[6] 과연 우리 사회는 같은 기억을 공유하고 같은 정체성을 가질 수 있을까? 유력 정치인들의 망언은 2023년 현재에도 계속되고 있다. 심지어 2기 진화위의 수장은 역사 인식 논란을 빚고 있다. 그는 지난 6월 9일 공식 일정에서 "침략자에 맞서 전쟁 상태를 평화 상태로 만들기 위해 군인과 경찰이 초래시킨 피해에 대해 (희생자) 1인당 1억 3200만 원의 보상을 해주고 있다. 이런 부정의는 처음 봤다."고 발언해 구설수에 올랐다. 이 같은 학살을 '국가 범죄', '국가 폭력'으로 교육한다는 것 자체에도 문제의식을 드러냈다. 진화위 수장으로 믿기 어려운 발언이다. 이는 또다시 이념 논쟁의 탈을 쓰고 서로를 향해 말의 총구를 겨누는 결과를 초래할 것이다. 문제는 그 속에 숨겨진 낙인과 악마화다. 그리고 그 악마화의 역사는 여순 사건에서 '빨갱이'라는 단어와 함께 만들어졌다.

　　김동춘 교수가 역사의 결정적 장면으로 꼽은 여순 사건은 반공주의 체제와 국가 폭력의 기틀을 닦았다. 이는 국사편찬위원회에서 일한 김득중의 저서《빨갱이의 탄생》에서도 잘 드러난다. 본 인터뷰로 여순 사건에 대한 본격적 관심이 생겼다면 일독을 권한다. 특히 국가 형성 과정에서 이뤄진 한국형 매카시즘McCarthyism의 면면을 볼 수 있다는 점에서 가치 있다. 김득중은 책에서 빨갱이가 단지 '공산주의 이념 소지자'라는 의미를 넘어 비인간적 존재, 국민과 민족을 배신한 존재, 즉 "죽음을 당하지만 항변하지 못하는 존재"가 됐다고 말한다. 미국의 문화 전쟁이 종교(기독교)와 결합하며 특정 세력을 악마화하는 것과 같이 한국에선 이념 갈등이 전쟁의 기억과 결합해 '적'을 만들어 낸 것이다. 뿌리가 이러하니 지금의 정치적 양극화와 극한 대립은 어쩌면 당연한 결과라 하겠다.

여기에 한 가지 비극적 분석을 더하자면 이것이 기술의 발전과 융합해 돌이킬 수 없는 혼란을 만들고 있다는 것이다. 한 번 만들어진 단어는 그 시대의 사고를 좌우하고 그 배경은 쉽게 휘발된다. 물론 텍스트 자체가 나쁜 것은 아니다. 미국의 현대 미술가 제니 홀저Jenny Holzer는 언어에 내포된 사회 맥락적 의미를 이용해 시대를 관통하는 메시지를 작품으로 만들기도 한다. 1982년 홀저는 세상에서 가장 값비싼 광고판인 뉴욕 타임스퀘어 전광판에 '내가 원하는 것으로부터 나를 지켜 줘PROTECT ME FROM WHAT I WANT'라는 문구를 띄웠다. 욕망과 사치로 점철된 현대 사회를 꿰뚫는 시대의 메시지였다.

디지털 문화를 선도한 '해시태그'는 단어의 함축성과 파급력을 이용해 거대한 문화 현상을 만들어 냈다. 은폐된 사회 문제를 공론화하는 데 혁혁한 공을 세우기도 했지만 반대로 맥락이 소실된 혐오 정서가 여론을 지배하는 것에도 일조했다. 사고의 길이는 짧아졌고, 디지털 피아 식별은 간편해졌다. 기술은 죄가 없다고 했던가. 세계는 뒤늦게 이를 바로잡고자 했지만 'PC주의'가 힘을 얻기도 전에 이미 기술에는 확증 편향을 유도하는 알고리즘까지 장착됐다. 서로의 간주관성은 디지털 생태계 속에 더욱 빠르게 분열하고 있다. 이것이 역사 속에서 어떻게 기능해 왔는지 자각하지 못한다면 한국은 '디지털 매카시즘'의 늪에서 헤어 나오지 못한 채 '상호 학살'을 지속할 것이다.

그러나 변화의 흐름 역시 감지된다. 그 흐름은 새로운 갈등의 축과 함께 도래하고 있다. 김동춘 교수가 지적했듯 이념이든 정책이든 논쟁은 있어야 한다. 한국 사회의 갈등의 축이 복잡하다고 하여 새로운 갈등의 축이 생겨나는 것을 무작정 비판적으로 바라봐선 안 된다. 탄압의 근거가 되기 때문이다. 새로운 갈등은 다름 아닌 정치권에서 불고 있다. 바로 신구 갈등이다. 거대 양당의 청년들은 본질적인 정치 개혁에 공감하고 있다. 분열과 팬덤 정치를 일삼아 온 기존 정치의 수법을 넘어 반성과 타협을 공통의 어젠다로 내세우고 있다. 정치에 대한 공통된 정체성을 일깨우려 한다는 점에서 긍정적인 시도다.

정책에는 원론이 있고 각론이 있다. 그간 한국의 권력자들은 이 둘을 적절히 조합하여 권력 기반을 공고히 하고 특정 문제를 면피해 왔다. 보수 정당의 예를 들자면 노조 문제에 있어서는 '법과 질서'라는 원론을 들어 옥죄고 저출생 문제에선 근본적 사회 구조의 개혁이 아닌 각론에 해당하는 정책으로 체면치레했다. 일종의 '가스라이팅'이다.

여기서 이창용 총재의 발언과 같이 젊은이들 사이에서 화제가 된 또 하나의 발언을 살펴볼 필요가 있다. 지난 2022년 7월 5일 방송된 MBC 〈100분 토론〉에서의 주진형 전 한화투자증권 대표의 말이다. 주 전 대표는 "정부가 저출산 고령화 대책으로 15년간 380조 원 예산을 썼다는 것은 기재부 관료들의 가스라이팅"이라 발언해 큰 공감을 샀다. 각종 정책에 '저출산'이라는 키워드를 넣어 예산을 배정할 뿐 근본적 문제를 해결하려는 의지가 없다는 게 골자다.

저성장과 양극화로 병들어 가는 한국엔 변화가 필요하다. 이 변화에 '진보'라는 이름을 붙이면 좌익의 그것이 되고 '진일보'라고 표현하면 이념성이 열어진다. 이 한 끗 차이로 서로를 물고 뜯는 악마화의 역사를 넘어, 진정한 연대와 공존, 타협의 가치를 새로 쓸 수 있는 한국 사회가 되기를 소망한다. 그러기 위해선 모두가 같은 출발점에 설 필요가 있다. 역사를 잊은 민족에게 미래가 없다는 따분한 말은 지금, 우리 한국 사회에 무엇보다 필요한 말이다.

글 이현구 에디터

박재필은 국내 최초 우주 스타트업으로 불리는 나라스페이스테크놀로지를 창업했다. 연세대학교 천문우주학과를 졸업하고 2012년 우주비행제어연구실에서 초소형 위성 연구를 진행하다 창업을 결심했다. 현재 초소형 위성 제작 및 위성 영상 활용 서비스를 운영하고 있다.

5 박재필 대표 ; 올드스페이스에서
뉴스페이스로

인류가 우주에 간다는 것은 오랜 세월 픽션의 영역이었다. 사람들은 SF 영화를 통해 외계 생명체의 모습을 그렸고 소설을 읽으며 종말 이후의 지구를 상상했다. 그런데 불과 5년 새 판도는 바뀌었다. 일론 머스크의 스페이스X가 재사용 발사체 개발에 성공하며 발사 비용을 급감시켰다. 우주 탐사 기업 블루 오리진의 창업자이자 세계적인 갑부 제프 베이조스는 2021년 '뉴 셰퍼드' 로켓을 타고 우주를 여행했다. 2022년 미국은 달에 사람을 보낸다는 계획을 재개했다. 다가오는 2028년엔 달에 사람이 사는 기지가 생길지도 모른다. 인류의 생활 반경이 지구라는 하나의 차원을 넘어서는 것이다.

기폭제가 된 것은 지난 2018년 2월 6일, 팰컨 헤비Falcon Heavy 동시 착륙이었다. 인류가 화성에 가기 위해선 작은 로켓이 아닌 크고 무거운 로켓이 필요하다. 팰컨 헤비는 그 고중량 발사 능력을 시험하고자 스페이스X가 만든 핵심 로켓이다. 2018년 2월 6일, 팰컨은 수만 명의 기대와 긴장을 등에 업고 궤도에 올랐다. 보조 추진 로켓 두 대로 성공적으로 분리되던 순간 스페이스X 팀은 탄성을 질렀다. 지구에 안정적으로 동시 착륙했을 때, 이를 지켜보던 세계 관중은 전율에 휩싸였다.

국내 최초 우주 스타트업 나라스페이스테크놀로지를 창업한 박재필 대표는 이 사건을 두고 "올드스페이스에서 뉴스페이스로 패러다임이 전환하던 순간"이라 평했다. 단일 영상 조회 수 560만 회, 팰컨 헤비의 착륙은 우주 산업의 지평을 어떻게 바꿨을까. 현재 세계 우주 개발 산업은 어디에 쓰이고, 무엇에 집중할까. 불확실성의 시대를 사는 우리에게 우주는 이미 미래를 내다보는 논픽션으로 자리 잡고 있다.

팰컨 헤비 동시 착륙

한 가지 사건으로 2018년 스페이스X의 팰컨 헤비 동시 착륙을 꼽았다. 왜 이 사건을 꼽았나?

재사용 발사체는 스페이스X가 오랜 시간 공들여 온 숙원의 아이템이었다. 2016~2017년에 접어들며 어느 정도 안정화되다가 2018년에 팰컨 헤비가 동시 착륙에 성공하는 걸 보며 이젠 완전히 안정화됐다고 생각했다. 즉 올드스페이스 패러다임에서 뉴스페이스 패러다임으로의 전환을 상징하는 사건이었다.

당시 로켓 안에 테슬라 차를 넣어 발사하며, 우주에 전혀 관심 없는 사람들까지도 주목하게 됐다.

쉽게 말해 일론 머스크가 화성에 자기 차를 보낸 거다. 로드스터Roadster라는 빨간 테슬라 차량을 로켓에 넣어 우주로 쏘아 올렸다. 머스크가 인류를 화성에 보내고자 솔라시티SolarCity에도 힘을 쏟고, 우주 개발에도 박차를 가하겠다 호언장담하지 않았나. 진짜 그 목표를 실행하겠다는 선언적인 행동이었다.

재사용 발사체는 왜 대단한가?

말 그대로 로켓을 한 번 쓰고 버리는 게 아니라 일부나 전체를 재사용하는 것이다. 그러니 발사 비용이 기하급수적으로 낮아진다. 옛날엔 발사체 1킬로그램 쏘아 올리는 데 10억 원이 들었다면 지금은 스페이스X 기준 300만 원이면 한다.[7] 발사 비용이 낮아진다는 것은, 과거엔 국가만 추진할 수 있던 사업 영역에 민간 기업이 들어올 수 있다는 걸 뜻한다.

그중에서도 팰컨 헤비 착륙의 성공은 왜 특별한가.

소자 기술 향상은 말할 것도 없고 메인 시장에서 투자가 활성화되는 기폭제였다. 예를 들어 지난 2021년 아크인베스트먼트 캐시 우드Cathie Wood 대표가 관련 산업들을 한 그룹으로 묶는 우주 ETF를 만든 것도 팰컨 헤비 착륙의 영향을 받았다고 본다. 우리나라 금융 시장에서도 우주 산업이 많이 화제가 됐

팰컨 헤비 발사 모습 ⓒ스페이스X

다. 2019년 이후 국내 VC들이 '우리나라엔 스페이스X 같은 회사 없냐'며 투자처를 막 찾기 시작했다. 그 판을 깔아 준 게 팰컨 헤비 착륙이다.

우주 산업만의 지평을 바꾸는 사건은 아니었다. 국제 사회에서도 크게 주목하지 않았나.

미국의 영향력이 한층 더 커진 계기이기도 하다. 우주 산업의 목적은 우주 탐사만이 아니다. 우리가 쓰는 많은 기술이 우주 개발에서 시작됐고, 미래 시장에서 거래될 서비스들은 우주 산업과 더욱이 밀접하게 맞닿아 있다. 예컨대 전 세계의 실시간 위성 빅데이터 서비스는 우주 발사체가 굉장히 안정될 때

제대로 작동할 수 있는데, 그 힘이 미국에 있다. 말하자면 미래 데이터의 헤게모니를 미국이 잡고 있는 것이다.

사람들은 왜 우주에 가고 싶어 할까?

20세기엔 우주에 나가는 것 자체가 목적이었다. 쉽게 말해 깃발 꽂는 거다. 그런데 이번에 미국이 아르테미스 계획을 통해 정말 오랜만에 다시 달로 사람들을 보낸다. 여기엔 정치적인 목적에 더불어 경제적 목적이 있다. 체제의 우월성을 과시하던 올드스페이스의 시대는 지났다. 이젠 달도 하나의 소유권이자 경제권으로 인식한다.

판세가 최근 5년 새 급변했다. '달로 간다' 하면 먼 얘기로 느껴졌는데 지금은 아니다. 결정적인 계기가 있었나?

특정 사건 때문이라기보단 기술력이 향상되고 국제 경쟁 체제가 바뀌며 달에 간다는 당위성도 새롭게 생기는 등, 여러 요인이 맞물렸다. 스페이스X의 영향도 크다. 우주사적으로 족적을 남긴 기업인데 거기서 인류를 화성에 보낸다고 하니 다들 화성을 주목하게 되는 것이다. 과학 기술 개발사를 보면 모두가 불가능을 얘기하다 어느 순간 기술 혁신이 우르르 이뤄지는 시점들이 있다. 우주 개발에선 그 퀀텀 점프의 시점이 바로 지금인 것 같다.

현재 우주 개발 산업 트렌드의 중심엔 달이 있다. 달에 가면 뭐가 좋길래 사람을 달에 보내려 하나?

솔직히 말하자면 인간이 달에 간다고 해서 좋은 거 없다고 생각한다. 거기 되게 힘든 곳이지 않나. (웃음) 춥고, 산소도 없고, 물도 없고. 그런데 프레임을 크게 하고 멀리서 보자. 과거엔 '우리가 왜 북극과 남극을 가야 해?'라는 질문이 유효했지만, 지금은 그곳에 사람을 보내 연구하는 것을 가지고 의문을 제기하는 사람이 없다. 일단 다 동의한다. 말하자면 어떤 지역이 왜 중요한지는 우선은 가서 연구해 봐야 안다는 것이다.

달의 가치를 알려면 우선 그곳을 점유해야 한다는 것인가?

그런 셈이다. 또 경제적 가치도 있겠지만 인간의 본능과도 맞닿아 있다고 생각한다. 본인의 영역을 넓혀 가려는 게 인간의 자연스러운 본능이라고 생각한다. 역사상 인류가 자신이 쉽게 접근할 수 있는 공간 너머로 뻗어나간 곳들을 생각해 보자.

처음엔 신대륙이었고 그다음엔 남극, 북극이었다. 비옥한 땅일 수도 있지만 척박한 곳도 많았다. 그런데도 간다. 그처럼 사람을 달에 보내려는 인류의 마음엔 '저기 뭔가 좋은 게 있겠다'는 목적과 더불어 새로운 공간을 점유한다는 심리 자체가 작용한다. 경제적인 논리만으로는 우주 탐사를 이해할 수 없다.

일각에선 우주 산업의 환경 오염에 더불어 성장 중독에 대한 비판도 있다. 거칠게 말해 현재 지구 파괴로도 모자라, 우주까지 망치려냐는 것인데.

우주로 나갈 것 없이 지구를 돌아보자. 현재 기후 위기를 맞닥뜨렸다 해서 '인류가 환경을 파괴하기 이전의 상태로 돌아갈 수 있나'라고 물었을 때 과거의 부족 사회로 돌아가겠다고 답할 사람은 거의 없을 거다. 그렇다면 답은 환경 파괴를 최소화하면서도 인류와 기술이 진보하는 솔루션을 만드는 것이다. 대신 지구에서의 전철을 밟지 않기 위해 정밀한 연구와 초국가적인 합의가 필요하다.

우주 개발의 넥스트 스텝

지금 우주 개발 산업에선 어떤 사업에 주목하나?

저궤도에선 우주 인터넷 분야가 주목받는다. 지금의 5G 시대
는 지상 인프라 기반이다. 그런데 6G부터는 우주 인프라 기반
이다. 위성이 주가 되고, 땅에 깔린 광케이블이 보조가 된다.

통신이 중요한 시대라는 것엔 공감하지만 지금도 충분
히 잘 터지지 않나?

한국이 워낙 인터넷 강국이다 보니 잘 체감하지 못한다. 그런
데 땅 크기가 조금만 큰 나라에 가도 산간벽지에선 통신이 잘
안 터진다. 지구상 늘 인터넷에 연결된 인구가 전체 인구의 5
분의 1밖에 안 된다. 그 통신 사업에서의 영향력을 넓히려고
세계 위성 사업자들이 뛰어든다. 스페이스X의 존재 이유 중
하나가 바로 스타링크라는 세계적인 통신망을 만들기 위해서
다. 옛날에도 위성 사업자들은 있었지만 쉽게 망했다. 발사체
가 비싸서 사업성이 안 나왔다. 그런데 이제 스페이스X가 발
사체 가격을 낮추고 있으니 우주 인터넷의 발달은 빠르게 진
행될 것이라 본다. 러시아-우크라이나 전쟁 때 통신이 끊긴

우크라이나 지역에서도 인터넷을 쓸 수 있게끔 망을 깔아 준 것도 스페이스X였다. 데이터에 있어 우주 자산이 본격적으로 쓰이는 시대가 된 것이다.

위성으로 얻은 데이터의 장점은 무엇인가?

위성은 국적이 있지만 위성이 찍은 자료는 국적이 없다. 우리가 특정 국가 위로 위성을 발사하면 그 지역을 계속 볼 수 있다. 이건 기술, 경제뿐 아니라 안보 분야와도 매우 밀접하게 닿아 있다. 가령 어떤 나라들이 현 러시아-우크라이나 전쟁 상황을 파악하고자 러시아로 위성을 보낼 수 있다. 그리고 마찬가지로 러시아가 자국을 방어하고자 그 위성들을 제거하는 기술을 개발할 수 있다. 이처럼 이번 전쟁을 기점으로 안보와 관련된 우주 산업 분야도 매우 빠르게 발전하고 있다.

지금은 우주 인터넷에 집중한다면 그다음 스텝은 무엇인가?

우주 교통관제다. 하늘에 위성을 많이 띄우면 누군가는 그걸 관제해야 한다. 위성들끼리 충돌하지 않게끔 최적 경로를 짜준다든지, 우주 쓰레기가 생기면 지상으로 끌어내린다든지.

이 모든 걸 종합적으로 관리할 우주 교통이라는 새로운 분야가 나올 것이다. 도로에 차가 너무 많으니, 신호등을 설치하고 교통법을 만드는 것처럼 우주에서도 비슷한 체계가 필요하다.

우주 교통은 얼마나 가까이 와 있나?

먼 미래가 아닌 곧 닥칠 이야기다. 예를 들어 리퓨얼refuel이라고, 궤도에 가 있는 위성의 배터리가 닳았을 때 지구에서 새 위성이 가서 배터리를 갈아 주는 기술은 곧 상용화를 앞두고 있다. 일종의 찾아가는 주유 서비스다. 커다란 위성이 다시 지구로 왔다 가는 비용을 절감하는 것은 물론 위성 자체도 계속 사용하기 때문에 효율 면에서 이점이 크다. 이런 기술이 점점 상용화되면 위성의 물리적 수가 많아지고, 이들을 관제할 시스템이 필요하다.

저궤도 쪽의 산업에 대해 주로 말씀해 주셨다. 씬에선 이쪽으로 투자가 활발히 이뤄지는 상황인가?

그렇다. 우주 산업은 발사 비용의 스케일이 다르다 보니 지구 가까운 곳들부터 상업화가 이뤄지는 상황이다. 저궤도는 현재 시점에서 완전히 상업화가 됐다고 생각한다. 그다음에 중

궤도, 정지궤도, 달까지 차근차근 나아간다. 지구에서 만들어보고 시험한 우주 인프라들을 국제우주정거장ISS이나 루나 게이트웨이 등에 심게 된다.

민간인이 직접 우주에 가는 것도 가까운 미래일까. 스페이스 투어리즘에 대한 생각도 궁금하다.

여행은 먼저 경제적 여유가 있는 사람들이 많이 간다. 스페이스X가 2023년 달에 가게 될 최초의 민간인 팀을 지난해 발표했는데 그중 마에자와 유사쿠라는 일본 억만장자와 우리나라 가수 탑T.O.P이 있었다. 옛날엔 우주가 돈이 있어도 못 가던 곳이었다면 이젠 돈이 있으면 갈 수 있다. 게다가 기술이 좋아져 비용도 점점 낮아지고 있다. 아까 스페이스X 쏘아 올리는 비용이 1킬로그램당 300만 원이라고 했다. 내 몸무게가 100킬로그램이라 가정하면 3억 원이면 간다.

가고 싶으신가. (웃음)

당연히 안정화되면 나도 가고 싶다. 어릴 때부터 멀리서만 지켜보던 우주宇宙라는 곳에 일주일 나갔다 오는 데 3억 원, 좀 더 보태서 5억 원이라면, 나중에 돈 많이 벌면 인생에 한 번은

나라스페이스가 만드는 초소형 위성 ©나라스페이스

가보고 싶을 것 같다. 멀리까지는 못 가더라도 우주 정거장에 호텔이 생길 때쯤이면 비행사들이 그 공간에 살며 쌓아 둔 데이터가 있을 것이다. 학계에선 그 시점을 대략 2027년으로 예상하는데, 그땐 민간인도 일생의 특별한 경험으로 한 번쯤 즐길 만큼 스페이스 투어리즘도 충분히 안정화되리라 생각한다.

위성으로 미래를 읽다

팰컨 헤비 착륙 성공 이후 국내에서도 다양한 민간사업자들이 주목받고 있다. 우리나라 최초 우주 스타트업

나라스페이스는 어떤 사업을 하나?

초소형 위성을 만든다. 전 지구를 실시간으로 바라볼 수 있는 우주 CCTV를 만든다고 생각하면 된다.

초소형 위성은 일반 위성이랑 뭐가 다른가?

대량 생산에 최적화된 작은 사이즈의 위성이다. 군집을 만들기 수월하고, 수가 많으니 자주 볼 수 있다. 만약 내가 서울을 보고 싶은데 주어진 돈이 300만 원이라고 치자. 목적에 따라 고해상도로 하루에 한 번 볼지, 중해상도로 10분마다 한 번씩 볼지 택할 수 있다. 초소형 위성은 후자에 적합하다.

보통 어떨 때 쓰이나?

예를 들어 북한 공항에 착륙한 비행기에 타는 누군가의 얼굴을 봐야 한다고 가정하자. 그럼 자세히 봐야 한다. 대신 자주 볼 필요 없이 한 번만 보면 된다. 그럼 그건 큰 위성을 쓴다. 반대로 산불이 났다고 가정하자. 산불은 보통 넓은 영역에 걸쳐 발생하는데 계속 보면서 변화를 관찰해야 하지 않나. 그런 것은 작은 위성들을 많이 쏘는 게 좋다. 전문 용어로 말하면 각각 공간 해상도와 시간 해상도를 담당한다. 비유하자면 데스크톱과 노트북 같은 차이다.

주로 어떤 분야에서 의뢰가 오나?

초소형 위성은 현재 크게 환경, 농업, 부동산, 도시 관리, 네 분야에 쓰인다. 우선 환경에서 가장 큰 화두는 탄소 저감이다. 탄소에 관한 크레딧 시장이 커지고 있는 만큼 B2B 쪽으로 의뢰가 정말 많이 온다. 금융 기관에서 탄소 저감 활동을 했을 때나 어떤 나라가 온실가스 배출을 했을 때 그 상황에서 수치를 확인하는 용도로 초소형 위성을 쓴다. 또 어떤 국내 업체가 외국에 가서 나무를 심는다고 가정하자. 그 나무가 잘 자라고 있는지를 매번 현장에 나가 확인할 수 없지 않나. 그럴 때 위성 자료로 확인해 성과를 수치로 제안한다.

농업에 관해선 세계 작물 생산량 예측에 요긴하게 쓰일 듯하다.

맞다. 우리나라에 들어오는 밀, 콩, 옥수수는 95퍼센트가 수입산인데 이게 어디서 얼마나 나는지 모른다. 그런데 위성으로 미국 중서부의 콘 벨트Corn belt를 본다면 전 세계 옥수수 수

확량을 예측할 수 있고, 그럼 가격도 어느 정도 예측이 가능하다. 미래를 내다보는 빅데이터 시장과 직결된다. 한 가지 첨언하자면 이런 기술이 단순히 경제적인 효과만 노리는 것은 아니다. 예를 들어 아프리카에는 현재 식량이 많이 난다. 그런데 경제적 상황이 녹록지 않다 보니 자국민을 먹여야 할 식량까지 수출해 버리고, 이는 자국 내 기아와 빈곤으로 이어진다. 이런 빈곤 문제를 해결하려면 전 세계 식량의 수요와 공급이 어떻게 돌아가는지, 어디서 불균형이 발생하는지부터 수치로 파악해야 한다. 그 역할을 위성이 한다.

부동산 분야와 도시 관리 분야는 무엇이 다른가?

도시 관리에선 도시 건강성을 평가하기 위해 해양 오염도, 미세 먼지 같은 지표들을 측정하는 데 쓰인다. 부동산 분야의 경우 주로 재개발 사업에 쓰인다. 수도나 통신이 끊긴 빈집도 찾아내고, 새로 생긴 불법 건축물 등을 모니터링하는 데도 활용된다. 2020년의 자료와 2023년의 자료를 겹쳐서 비교해 3년간 어떤 구조물이 어디 새로 생겼는지 딥 러닝으로 분석하는 식이다.

과학의 핵심은 검증이고 위성도 마찬가지일 텐데, 단계

<u>별로 검증하는 과정이 지치진 않나.</u>

항상 지쳐 있다. (웃음) 항상 지겨운데 단련이 돼 있다. 성공하면 오히려 불안하다. 우리가 뭔가를 놓친 건 아닌가 한다. 우주 개발 산업에 있다 보면 성공과 실패의 시각에서 조금 벗어나게 된다. 예를 들어 지난 4월 20일 스페이스X의 유인 탐사용 대형 우주선 스타십Starship이 첫 궤도 비행 시험에서 발사에 실패했다. 그런데 영상을 통해 보이는 스페이스X 사람들의 표정은 굉장히 밝다. 성공, 실패 관점에서 봤으면 울고 있어야 하는데 말이다. 그들이 웃을 수 있는 이유는 이런 한 스텝 한 스텝이 쌓여 데이터가 만들어지기 때문이다. 그래서 우리에게 성패는 큰 의미가 없다. 성장만 있을 뿐이다. 현 상황에 안주하느냐, 아니면 성장하느냐. 둘 중 하나다.

<u>한국은 성장보단 성패에 민감한 사회 분위기가 조성된 편이다. 우리나라 우주 개발 토양은 어떤가.</u>

아쉬운 점이 많다. 일상에 쓰이는 많은 기술이 우주 산업에서 왔는데 그게 하루아침에 뚝딱 나온 게 아니다. 긴 과정에서 하나씩 검증하고 실패해 보며 완성된 것이다. 그런데 우리나라 전반적으로 실패에 대한 국민적 공감대 형성이 안 돼 있다. 순

수 과학 분야가 그렇고, 그중에서도 우주 분야가 좀 더 그런 것 같다.

왜 우주 분야는 실패했을 때 다른 분야보다 더 큰 비판을 받을까?

비용도 많이 들고 안보 문제와도 엮여 있다. 복합적인 요인이 작용하는데 또 관련 기관에 있는 책임자들은 순환 보직이다 보니, 본인이 있을 때 로켓이 폭발하면 난처할 수 있다. 예를 들어 그분이 한자리에 30년 있는 사람이라 하면 이번에 폭발해도 다음에 잘하면 되니까 어느 정도 용서가 된다. 그게 아니라 내가 여기 임기가 5년밖에 안 되는데 그새 로켓이 폭발해 버리면 평가든 지원이든 보수적으로 이뤄질 수밖에 없는 것이다. 그 사람의 문제라기보단 구조적인 문제다.

이 분야를 배양해 내는 시스템이 부재한 것도 문제겠다.

어떤 분야가 발전하려면 노하우가 쌓여야 하는데 우주 개발은 다른 기술 분야보다도 그 시간이 오래 걸린다. 우리나라엔 그 노하우를 함께 쌓아갈 생태계가 부재하다. 예컨대 미국의 우주 개발 토양은 굉장히 좋은 편이다. 민간 기업이 비즈니스

모델을 개발할 때 정부가 적극적으로 지원해 주고, 그러다 보니 플레이어 수도 많다. 반면 우리나라는 플레이어의 역사도 짧고 숫자도 좀 적고, 그러다 보니 요령도 없고, 이 모든 게 복합적으로 작용한다. 우리와 비교했을 때 기술력 자체가 드라마틱하게 차이 난다기보단 생태계의 차이가 크다.

국내에선 지난해부터 항공우주청 설립 건으로 연일 시끄럽다. 스타트업의 입장에서 가장 기대하는 부분이 있다면.

사실 현재로선 기대가 크진 않다. (웃음) 항공우주청에 기대했던 부분 중 하나는 중심이 돼 주는 것이었다. 여러 플레이어를 하나로 묶어 역량을 낼 수 있도록 하는 거다. 그런데 아직은 항공우주청의 역할이 연구와 기술 개발에 한해 논의된다. 비전에 대한 아쉬움도 있다. 미디어에선 정치적인 논쟁 위주로 회자한다. 항공우주청의 거버넌스를 누구 밑에 둘 거냐, 어느 지역에 유치할 것이냐에 대한 얘기다. 그게 아니라 항공우주청이 비전을 먼저 제시하고, 그 비전을 이루기 위해서 거버넌스는 이렇게 하면 좋겠고 지역은 여기가 좋겠고… 이런 이야기가 나와야 하는데 그 순서가 좀 바뀐 것 같다.

초소형 위성을 연구 중인 나라스페이스팀 ⓒ나라스페이스

아쉬움이 크겠다.

물론이다. 사실 이 씬에선 국내 우주 커뮤니티에 대한 기대가 엄청나게 컸다. 연구든 교육이든 개발이든, 우주 산업에 관련된 사람들을 하나로 아우르는 중심이 필요하다는 공감대가 이제 막 생기고 있었다. 그런데 그 공감대가 지금 잘 반영되고 있는지, 항공우주청이 우리가 꿈꿔 왔던 기관인지 묻는다면, 확신 있게 그렇다고 말은 못 하겠다.

우주 산업에 투자함으로써 특히 한국이 갖는 이점이

<u>있나?</u>

국가라는 시스템이 우주 산업에 뛰어드는 것엔 경제와 안보의 목적이 크다. 우리나라는 중국, 일본, 북한을 주변국으로 둔 만큼 지정학적 리스크가 큰 나라일 뿐만 아니라 수출 위주의 국가다. 그만큼 우주라는 새 영토를 선점해야 하고, 우주를 새로운 자원으로 봐야 한다. 한국이 만약 1, 2차 산업 기반 사회에 머물러 있었다면 혹은 OECD 국가에서의 평균적인 삶을 살고자 한다면 그런 우주 자원이 사실 필수는 아니다. 그런데 한국은 항상 선진국 반열에 오르고 싶어 하고, 선도적인 IT 국가를 표방하지 않나. 국가적으로 그런 미래를 그린다면 특히나 우주에 주목해야 한다.

<u>이미 패권을 쥔 국가들이 있는 상황에 뛰어드는 것이</u>
<u>한발 늦은 것 아닌가.</u>

그렇기에 국제 협력이 필요하다. 과거엔 미국 중심의 우주 개발 선진국들이 전략적 파트너십을 갖고 한 그룹을 형성해 국제우주정거장을 만들었다면, 아르테미스 등 미래의 더 큰 우주 프로젝트에는 기존 우주 개발 선진국뿐 아니라 새로운 우주 개발 파트너들이 참여하기를 국제 사회가 원하고 있다. 어

젠다가 명확하고 지원 규모가 큰 나라와 함께 비전을 그리는 동시에, 그 안에서 한국만이 확실하게 가져갈 수 있는 영역을 만드는 게 중요하다.

더 많은 투자가 필요하다면 국민적 공감대 형성은 선결 과제다. 설득을 위해선 무엇이 필요할까?

설득엔 정도가 없으나 기관이나 학계보단 콘텐츠 분야에서 잘하는 일인 것 같다. 정부 기관이 아무리 멋진 비전 세워서 10년씩 얘기하는 것보다 〈승리호〉 같은 영화 한 편 나오는 게 효과적이다. 드물게 기관 차원에서도 그걸 잘하는 곳이 있는 데 대표적으로 미국 나사가 그렇다. 우주 관련 이벤트나 아이들 교육에도 힘쓰고 이 사업이 왜 필요한지에 대해 전방위적으로 홍보한다. 그걸 어릴 때부터 접한 세대들이 자라면 우리 같은 우주 스타트업을 차리고, 우주 비행사가 된다.

우주 산업이 나오는 먼 얘기, 먹고사는 것과는 관련 없는 얘기라고 생각하는 사람들에게 하고 싶은 말이 있다면.

일상의 많은 기술이 우주 개발에서 탄생했다. 핸드폰 GPS 기능부터, 오늘 사 먹은 빵이 밀에서부터 탄생한 과정까지. 일일이 나열하기 어려울 정도다. 그런데 미래엔 이 우주 산업의 빅데이터 시장이 더 커진다. 경제든 안보든 우리는 점점 불확실성의 시대를 살고 있고 미래를 예측하는 게 시대의 화두다. 그 중심엔 우주 개발 산업이 있다. 이걸 대중들이 일상에서 매일 체감할 수 있도록 하는 것이 우리 같은 스타트업의 목표다.

우주는 픽션이 아니다

지난 4월 20일, 스타십이 이륙 4분여 만에 폭발했다. 인류의 화성 진출을 선언한 스페이스X가 개발한 우주선이 빛을 발하기도 전에 첫 지구 궤도 시험 비행에서 실패한 것이다. 그런데 스페이스X 팀원들은 환호했고 일부 관중이 감격에 겨워 탄성을 지르는 모습들이 카메라에 담겼다. 빌 넬슨 나사 국장은 본인의 트위터를 통해 스페이스X에게 축하 인사를 남기며 다음과 같이 말했다. "역사를 통틀어 모든 위대한 업적에는 어느 정도 계산된 위험이 필요하다."

매 순간 최상의 선택을 요하는 한국 사회에서는 공감하기 어려운 반응이다. 단기간 고도성장을 이룩해 낸 국가에선 비용 대비 성과가 큰 것, 수많은 선택지 중에서도 늘 최상의 선택지를 꼽는 것이 국민적 철학이자 습관으로 남았다. 순수 학문의 위기는 인문학만의 것이 아니며 과학에서도 눈앞의 결괏값을 최상으로 끌어내지 못하는 학문學文은 아이러니하게도 도태됐다. 그중에서도 우주 산업은 늘 대표 주자였다. 사업 특성상 프로젝트당 단위가 길고 천문학적인 비용을 요하는 이 분야는 혹자에겐 값비싼 불꽃놀이, 최악의 수익성을 기록하는 사업으로 비친다.

인류 발전의 토대가 돼 온 순수 학문을 등지고 공학이나 의학 분야에 투자와 관심이 몰리는 것이 대중의 미진함 때문인가. 나라스페이스 박재필 대표는 그렇지 않다고 말한다. 국민적 관심도를 끌어올리는 것은 업계의 단단한 비전과 성숙한 설득이다. 그 시발점이 될 수 있는 것은 항공우주청과 같은 컨트롤 타워다. 설립에 관해 연일 논란이 이어지고 있는 지금, 무한한 시공간을 연구하는 이들에게 중요한 것은 5년마다 교체될 엇비슷한 과제 혹은 소속 부처에 대한 논의가 아니라 이 생태계를 길고 깊게 꾸려나갈 비전이다.

박재필 대표를 만나기 전 그에게 가장 궁금했던 것은 미지를 탐험하는 사람으로서의 동력이었다. 우주는 인간에게 주어진 짧은 생 안에서 탐구하기엔 거대하고 추상적인 존재로 받아들여졌다. 그러나 내가 만난 박재필 대표는 이상주의자보단 현실주의자에 가까웠으며, 이 시장을 열어가는 젊은 연구가이자 사업가의 시선에서 우주 개발의 미래를 그리고 있었다. 나라스페이스가 제작하고 지원하는 초소형 위성 또한 내가 그렸던 검고 깊은 우주의 이미지와는 거리가 멀었다. 위성은 이미 환경, 도시, 경제, 교통 등 다양한 분야에 침투해 있었고 우주를 기회의 땅이자 그 자체로 실용적인 자원으로 보고 있었다.

　　예정대로 스타십은 다가오는 하반기에 민간 우주선에 탑승객 11명을 싣고 달 여행을 떠난다. 스크린이 아닌 현실 속 이야기다. 광활한 우주, 명멸하는 별과 같은 추상의 언어로 우주를 형용하던 시대는 막을 내렸다. 수많은 SF 작품이 지구 종말 이후의 대안으로 우주를 제시하던 것과 달리, 지금 인류가 바라보는 우주는 더 나은 사회를 만드는 밑바탕이 되고 있다. 이젠 순간의 성공 신화가 아닌 한걸음씩 성장하는 과정으로서 우주 산업을 지켜볼 필요가 있다. 우주가 논픽션이 될 때, 인류의 상상도 현실이 된다.

글 이다혜 에디터

주

1 _ 제21대 국회에서 발의된 네 개의 차별금지법은 발의일 순으로 다음과 같다. ① 장혜영 의원 발의, 차별금지법안, 2101116, 2020.6.29., [계류 중]. ② 이상민 의원 발의, 평등에 관한 법률안, 2110822, 2021.6.16., [계류 중]. ③ 박주민 의원 발의, 평등에 관한 법률안, 2111964, 2021.8.9., [계류 중]. ④ 권인숙 의원 발의, 평등 및 차별금지에 관한 법률안, 2112330, 2021.8.31., [계류 중]. (국회의안정보시스템 참고. 검색일: 2023.6.12.)

2 _ ① 용혜인 의원 발의, 생활동반자관계에 관한 법률안, 2121647, 2023.4.26., [계류 중]. ② 장혜영 의원 발의, 생활동반자관계에 관한 법률안, 2122404, 2023.5.31., [계류 중] (국회의안정보시스템 참고. 검색일: 2023.6.12.)

3 _ 박길성, 《사회는 갈등을 만들고 갈등은 사회를 만든다》, 고려대학교출판문화원, 2013, 17쪽.

4 _ 박길성, 《사회는 갈등을 만들고 갈등은 사회를 만든다》, 고려대학교출판문화원, 2013, 52쪽.

5 _ 김동춘, 《이것은 기억과의 전쟁이다》, 사계절, 2013, 443쪽.

6 _ 김동춘, 《이것은 기억과의 전쟁이다》, 사계절, 2013, 7쪽.

7 _ 발사 시점과 기종에 따라 다르게 책정된다. 1킬로그램당 적게는 951달러(약 124만 원)부터 많게는 6500달러(약 851만 원)까지 발표했다. 각각 2020년 팰컨9 발사와 2023년 3월 팰컨9을 이용한 라이드 쉐어 기준이다.